QUANTITATIVE MARKETING

量化营销

以数据驱动营销

李 政 ◎ 著

中国商业出版社

图书在版编目（CIP）数据

量化营销：以数据驱动营销/李政著.-- 北京：中国商业出版社，2021.11
ISBN 978-7-5208-1832-2

Ⅰ.①量… Ⅱ.①李… Ⅲ.①网络营销 Ⅳ.① F713.365.2

中国版本图书馆 CIP 数据核字（2021）第 209289 号

责任编辑：包晓嫱　佟彤

中国商业出版社出版发行
010-63180647　www.c-cbook.com
（100053 北京广安门内报国寺 1 号）
新华书店经销
香河县宏润印刷有限公司印刷

*

710 毫米 ×1000 毫米　16 开　12.25 印张　185 千字
2021 年 11 月第 1 版　2021 年 11 月第 1 次印刷
定价：58.00 元

****

（如有印装质量问题可更换）

前言

在传统的营销模式中,人们只是根据自身积累的数据进行分析研究,掌握客户的一些关键信息之后,组织开展相关营销活动。但受制于技术、数据量等,往往都是从经验出发,偏向定性,缺乏量化的营销能力。在传统营销模式中,数据起着辅助或者说补充作用。随着时代的不断发展,数据的获取以及处理能力大幅度提升,数据对于营销模式的影响越来越大。用好数据,已经成为现在营销领域的重要手段或者说核心能力。其也使量化的营销可以实现。

数据颠覆与改变营销,迅速而深刻。在这场变革中,谁具备了利用与分析数据的能力,谁就可以在激烈的市场竞争中争得立足之地。对处在这种巨变中的营销行业来说,数据就是营销力,搞明白数据,可以让营销活动目标可明确、可追踪、可优化、可衡量、可考核,从而成功打造出营销闭环,即"消费—数据—营销—效果—消费"。但在传统营销与数据营销之间有一道鸿沟,只有成功逾越这道鸿沟,才能在营销中游刃有余,脱颖而出。

本书以营销人的基本认知标准为基础,结合作者多年在数据营销领域的经验,对数据营销的相关概念进行了深入浅出的诠释,基于数据营销的优势、方法与流程,从构建用户画像、发掘用户需求、打开营销"脑洞"、个性化营销、O2O模式、智能化广告、移动端互联网营销等方面切入,分析数据给营销带来的助力,教你运用数据来衡量营销效果,并对数据营销未来的发展趋势进行了分析,从海量到精准,从全面到细微,借助数据的力量,让你能够精准锁定客户,挖掘发展机遇,规避营销误区,降低商业风险,成功跨越传统营销与数据营销之间的鸿沟,有理论、有案例,实战干货,内容丰富,是一本全面、实用、简单的数据营销商业应用宝典,便于读者更好地领会数据营销的各种途径与方法。

第一章 量化营销是企业运作的生命

无处不在的数据 / 2
量化营销是什么？ / 5
营销必须拥抱数据的理由 / 8
数据背景下量化营销的特点 / 12

第二章 量化营销的现状和问题

数据在营销中的应用现状 / 18
数据驱动营销的错误认知 / 22

第三章 量化营销：用数据构建用户画像

你真的了解用户画像吗？ / 28
为什么要构建用户画像 / 32
洞悉用户标签和分类 / 36
构建用户画像的步骤 / 40
用户画像的数据分析法 / 44

QQ音乐如何猜你喜欢？/ 47

第四章　量化营销：用数据发掘用户需求

搞清楚需求与发掘 / 52

用数据发掘客户需求的方法 / 56

沃尔玛"啤酒与尿布"故事背后的秘密 / 63

银行围绕客户的"人生大事"进行交叉营销 / 67

第五章　量化营销：用数据打开营销"脑洞"

传统营销策略存在的问题 / 70

用数据来决策 / 74

数据对传统营销策略的促进 / 78

数据优化营销策略的渠道 / 82

沃尔玛的"顾问式营销" / 86

第六章　量化营销：用数据搞定个性化

个性化营销的内涵 / 92

个性化营销三步走 / 96

今日头条的个性化推荐模式 / 100

亚马逊上线新功能"My Mix" / 104

优衣库使用数据实现"零库存" / 108

第七章　量化营销：用数据助力O2O

O2O 不能没有数据思维 / 114

营销型社交 O2O 平台的数据玩法 / 117

可口可乐这样走近客户 / 121

猫眼电影发布数据 / 125

第八章　量化营销：用数据实现广告智能

智能化广告时代已经开启 / 130

智能化是对广告行业的重构 / 134

数据让你重新认识自己 / 138

数据让爱奇艺的视频广告更懂你 / 141

百度广告利用数据最大限度与用户需求契合 / 145

第九章　量化营销：用数据玩移动互联网营销

移动端量化营销的趋势 / 150

数据背景下的手机疯狂购物 / 153

移动端数据运用让营销更精准 / 158

数据时代微信的三大商业价值 / 161

网易云年度歌单刷屏 / 164

第十章　量化营销：用数据衡量营销效果

营销数据分类、获取和分析 / 170

判断营销数据质量的九个标准 / 173
衡量营销效果的常用方法 / 177

第十一章　量化营销：未来营销发展的新趋势

数据技术会为营销带来更多价值 / 180
数据将成为企业的核心资产 / 183
客户需求仍是导向 / 186

第一章
量化营销是企业运作的生命

互联网时代,在精确营销成为趋势的现在,用数据驱动营销是众多企业营销的根本动力。不论是直接管理、执行或支持市场营销活动的经营管理者、营销策划经理、销售负责人、数据分析员,还是虽然不直接参与营销工作,但希望能够洞察市场营销实际效果的非市场营销人员,都需要先了解清楚数据与营销之间的微妙关系。

无处不在的数据

全球知名咨询公司麦肯锡声称:"数据,已经渗透到当今每一个行业和业务职能领域,成为重要的生产因素。人们对于海量数据的挖掘和运用,预示着新一波生产力增长和消费者盈余浪潮的到来。"事实证明,数据特别是当前数据在环境学、生物学、物理学,以及金融、军事和通信等领域已经蔚然兴起,其广泛而快速的发展已经引起了人们的关注。

华尔街"德温特资本市场"某公司的首席执行官每天都在做着一项同样的工作,这项工作就是每天依托数据相关的电脑程序,对全球3.4亿条微博账户的评论和留言进行分析,进而得出民众情绪方面的相关数据,用0~50分的标准进行打分,根据分析结果,这位首席执行官再对手中数以百计的股票进行处理。这一招给这个公司带来了显著的成效,每个季度,这个公司都可以在原有收益的基础上再提升7%的收益率。

谈及经验，这位首席执行官的唯一法则就是：开心就买，焦虑就抛。这个判断原理很简单，如果所有人看起来都比较高兴，那就大胆地买入。如果大家的焦虑情绪爆棚，那就果断抛售。

这个案例为我们生动地诠释了数据的神秘力量，亚马逊前任首席科学家曾说：数据是新的石油。这句话毫不夸张，当前数据的获取、储存、搜索、共享、分析，乃至可视化的呈现已然成为炙手可热的重要研究课题。在移动互联网和数据处理能力不断提升的今天，数据呈现以下四个特征。

一、信息海量

对于海量的数据来说，首要的特征就是数量，其起始计量单位至少是 P（1000 个 T）、E（100 万个 T）或 Z（10 亿个 T）。有人曾形容面对和注视数据时的体验，感觉像用上帝之眼俯视人间的点点星光，一切尽在掌握之中。

二、类型繁多

数据并不只是单一数据，而是有很多的种类。比如图文、数据、日志、图案、音频、视频、位置等，通过复杂的数据处理之后，都变成了有用的信息。

三、价值较低

信息海量与类型繁多也会导致数据的信息价值密度比较低，还需要人们经过更为强大的计算机数据处理功能，把这些价值较低的信息进行提炼，提高对数据的利用率。

四、速度快效率高

数据之所以能够快速应用，得益于其处理速度快、效率高的特征，这也是当前数据挖掘区分于传统数据分析的关键所在，能够最大化地提升相关数据活动的效率。也可以说，数据时代，对人们驾驭数据的能力提出了全新的挑战。

基于以上四个特征，数据分析和挖掘已经不再是人们眼中的新科技、"高大上"技术，而是渗透在各行各业之中，融入人们的工作与生活的方方面面，无论是在政府办事大厅、景区、银行，还是在商场、农贸市场、加油站，都能实实在在地感受到数据的存在。数据量和数据处理能力，也就是说，数据是信息通信技术高度发展的结晶，可以帮助人们向更高级的智能阶段发展，而不只是局限于追求效率。无处不在的信息知识和采集终端为我们采集到了海量数据，也为我们提供了强大的计算能力，造就了一个与物质世界相平行的数字世界，数据已经无处不在。

量化营销是什么？

笔者认为所谓量化营销，就是通过数据对营销中的各个环节进行赋能。比如通过数据找到用户需求、构建用户画像、营销方式决策、营销过程监控、营销结果衡量等。拿营销结果衡量举例，很多公司在做营销推广的时候，往往会遇到这样的情况：感觉广告费有很多浪费，但是却不知道具体浪费在了哪些地方；做了品牌推广活动，知道有效果，却并不知道这个活动的效果对于公司品牌的建设到底有多大的影响；选择了适合自己产品和公司的营销和营销模式，多管齐下开始做营销，但是却无法判断哪种方法和模式更有效果。

某乳制品公司为自己的产品做了营销推广，在推广之前，做了详细的营销推广计划，这个计划涵盖了很多方面，包括市场研判、品牌概念、产品定位、差异化营销策略等。其中关于市场研判，他们主动思考自己的同行竞争者，发现他们只注重打造华而不实的外表与虚无缥缈的故事，却并无实质性的营销优势。而自己的产品作为一款全新的产品，绝对不能走他们的老路子，而是要放弃只注重外部包装的路线，尽量简约。退而求其次，进一步研究消费者对乳饮品的深层次需求，然后再进行正确的产品定位，加强与消费者情感和心理上的契合。进而吸引消费者来体验产品，在体验中让消费者感受到这是一款简单纯粹到极致的产品，坚持使用最纯净的配方，不添加任何的增稠剂、香料和色素，消费者可以感受到纯正天然的味道，感受高品质的美味和营养。最终，这款乳饮品与消费者达成共识，都致力于用纯真的态度，回归生活的本质，追求更加简单而有品质的生活。"简单"被定义为这款产品的核心品质，这也是他们的目标群体所追求与认可的一种生活态度。所谓大道至简，简单，并不代表着平庸，反而是一种高品质生活的表现，倡导节约，无添加，健康自然，安全简单。

于是，完成这一系列的营销策划之后，该款乳饮品正式上市，简单的包装，摆脱了竞争对手用烦琐的细节堆砌起来的华而不实，把他们缺乏品牌精神层面深度刻画的缺点表露无遗，最终大获全胜，在市场占有了一席之地。但是他们却并没有被胜利冲昏头脑，反而又苦恼起来，因为他们无法对这种营销策划的效果进行具体的评估与核算。比如对消费者从接触自己的乳饮品开始，到注意、知道、反应和行动等这些阶段，没有具体的数据反馈，从而也就无法对广告投入、品牌广告和效果广告做出正确、科学的把握，一切都非常模糊，不能清楚地知道自己的营销活动可以为产品知名度、销售转化率提供多少的助力。

俗话说，有衡量才有促进。由以上案例可知，在成功的营销活动当中，对品牌营销的效果如何想要有所了解，必须通过相关数据进行衡量，如此反复，才能将企业品牌和销售额推向一轮又一轮的销售高潮，真正有效解决营销模糊性的问题。

营销必须拥抱数据的理由

数据对于营销来说，意味着精准。没有数据的支撑，营销就像失去方向的弓箭，杀伤力大大降低。反之，尽可能多地获取消费者的相关数据，从中有效地分析和挖掘出他们的真实需求，再进行精准的广告投放，这样的营销活动更有战斗力和针对性。因为，互联网时代，任何用户的行为都可以转化为有用的数据，也就是说每一个用户的 Cookies 数据都可以记录和查询，营销方可以通过这些数据的收集和积累实现广告投入的转化率。

益达口香糖曾经推出过一个营销广告，广告语是："嘿，你的益达。不，是你的益达！"这个广告花了巨额的营销推广费用，但是营销效果却不尽如人意。虽然让很多人都知道了益达，但是益达的销量却没有什么起色，还是老样子。后来，益达营销小组通过数据分析研究发现，这个广告之所以失败，是因为好的广告并不在于多有趣、多生动，而是有没有给用户一个具体的行动指令，很多用户只是知道了益达，但是70%的人还不知道益达是做什么的。基于此，他们把广告语做了修改，改成"吃完喝完嚼益达"。这个广告语目标非常明确，那剩下的70%的人都知道了什么时候吃益达，因此益达的销量剧增。

类似的案例还有某宝的购物车。通过数据分析，某宝洞悉到很多用户没有收藏宝贝的习惯，也就是不习惯把看中的商品放入购物车。于是，他们在商城购物车的图标上画了一个大大的加号，结果下单率马上提升了20%。后来，他们又在购物车上写上"加入购物车"5个大字，非常显眼，下单率又翻了一番。

由以上案例可知，如果没有数据分析，如此精准的营销策略调整根本就不可能实现。数据对于营销的意义主要体现在以下三个方面。一是信息更加精准。营销方将通过各种渠道收集到的数据，包括用户的一些基本信息、消费习惯和行为、消费喜好与互联网技术整合在一起，形成一个大型的自用精准数据库。随后，通过对这些数据进行分析，帮助自己快速、准确地找到自己的目标客户群体，从而彻底扭转之前营销活动覆盖面广、转化率低、造成极大的资料浪费的局面，进而提升广告的精准率。二是帮助维护客户。企业和品牌方有80%的利润来自20%的客户，这就是商业运营中的"二八法则"。而数据可以帮助企业和品牌方发现、跟踪和维护这20%的忠诚客户，进一步了解他们的需求、反馈，进而有效保持客户的忠诚度，使企业能够拥有稳定的利润来源。三是检验营销效果。营销活动是否合理，可以依据相关的数据做出判断。如果营销决策中没有非常明确的受众群体，那么就不可能准确地把广告推广投放到合适的群体中，这样会大大降低营销的效率。

知道了数据对于营销活动的意义，还要知道数据在营销活动中的具体切入点，这样才能做好数据营销。数据精准切入营销主要从以下五个方面开始。一是筛选客户方面。企业因为精力有限，不可能为所有的客户都提供百分百的服务，只能服务一定数量的客户。而通过数据的分析，可以根据消费者的行为、特点和习惯将其进行分类，然后再根据产品和活动的定位，从中筛选出符合自己要求的客户，最后根据这类客户的行为和习惯制定相关的营销模式，从而让营销更加精准，实现企业利润的最大化。二是观察消费数据。很多电商平台通过全面、深入地了解用户数据，从而及时掌握消费者的需求和行为，进而分析顾客的需求，做好相关产品的营销。比如在某宝上只要在搜索栏输入"牙膏"两个字，就会出现牙膏挤压器、牙膏置物架、儿童牙膏、按压式牙膏、美白牙膏、牙膏家庭装、小支牙膏、进口牙膏、女生牙膏、幽门螺旋杆菌牙膏等相关的拓展词。这样客户就可以在这些拓展词中很轻松地找到自己的需求。在这个过程中，如果商家推货不及时，那么顾客很有可能找不到自己喜欢的产品，索性从别的电商平台去采购，结果就会造成客户的流失。由此可见，灵活使用数据分析来揣摩消费者的心思，在购买之前为他们推荐合适的产品，这样就可以大大提高销售的成功率。三是有针对性地投入广告。数据营销改变了传统营销的模式，从过去的只是追求覆盖，转而变成追求精准。可以通过数据来挖掘消费者的兴趣点，从而制定符合这个兴趣点的营销规划，进行精准的广告投入，让消费者体验到个性化需求的满足，进而让广告更有效果。

四是搭建沟通桥梁。消费者产生购物的念头时，就会用自己喜欢的渠道去进行相关的搜索和寻找，进一步获取产品的相关信息。如果营销方能够掌握这些信息和数据，就可以分析出目标客户喜欢通过哪些渠道进行搜索，从而在这些渠道与这些消费者之间提前建立联系和沟通，进行一对一的服务，消除消费者的顾虑，促进消费者下单购买，实现有效转化。五是提升客户体验。顾客的体验非常重要，会影响到顾客的再次消费、产品的口碑、客户的忠诚度等，所以要通过数据来了解顾客的体验反馈，知道顾客最满意和最不满意的部分，及时改进产品、调整营销的方案，进而让客户体验提升到最好，获得顾客的青睐。在供过于求的市场趋势下，这是一个品牌和企业做大做强的基础，也是大大提升市场竞争力的有效手段，可以帮助品牌和企业有效抢占市场份额。

数据背景下量化营销的特点

数据的存在重新定义了量化营销。在数据技术的支持下，企业和品牌方可以离自己的用户更近，更好地了解和倾听他们的心声和需求。而不再像传统营销模式中，只能了解客户外围的一些信息，很难对企业和品牌方的营销提供帮助。而数据依托强大的分析功能，可以帮助企业和品牌方更好地采集和分析用户的相关数据，从而得出这些数据之间的规律和联系。

亚马逊还有一个别称，叫信息公司。因为亚马逊非常善于利用数据发掘信息，亚马逊不仅从用户的每一个消费行为中获得有价值的信息，还将用户在网站上的浏览痕迹保存和记录下来，这些数据包括客户在页面停留了多长时间，查看和关注了哪些评论，用哪些关键词进行了搜索，看了哪些商品的详情和信息等。然后再对这些数据进行分析和研究，进行深层次的挖掘。亚马逊公司对数据的重视和敏感度显而易见，远远超过了它的竞争对手。

而亚马逊的CEO在进行数据方面的演讲时向人们介绍了亚马逊一直以来是如何通过数据获取客户的相关反馈、锁定客户和定位客户的。他认为，数据越多，数据量越大，分析和研究的效果就越精准。而一些企业之所以在运营中不断犯错，就是因为他们没有对数据给予足够的重视，导致无法科学地进行决策和运营。企业一旦掌握了数据，也就意味着手中握着无限的可能。所以亚马逊商城的商品范围在不断拓展与扩大，触角不断向更为广阔的领域伸展。其数据技术，总结起来主要有以下四个方面。

一是亚马逊推荐。在亚马逊的商城和后台的各个业务环节都有数据驱动的现象。只要在亚马逊平台上买过东西，就应该非常熟悉亚马逊的商城推荐功能。只要买过A商品，那么也一定会对B商品感兴趣，也会产生购买的欲望。这种推荐逻辑和功能虽然看起来很简单，却十分地有效。但是这种推荐的结果却需要通过无数繁复的数据计算才能得出。

二是亚马逊预测。亚马逊商城可以对用户的需求进行精准预测，他们可以根据客户产生的历史数据进行分析，进而预测出客户的需求。对于一些像家电、手机和书等商品，亚马逊平台会进行非常准确的预测，能够把推荐做到客户的心里去。但是对于鞋子、服装这类产品的预测却还不成功。因为购买这些商品要受到很多方面的干扰，比如用户的心情、用户喜欢的颜色、用户的身材、用户的朋友意见等，太多的因素，导致预测无法准确，所以还需要更加复杂的数据运算。

三是亚马逊的测试。对于亚马逊商城的各种排版、图片、商品陈列形式、字体、颜色、按钮布局等因素，并不是随意而为，而是亚马逊平台通过测试技术，不断尝试，最后找出转化率最高的方案和方法，商城呈现的是多次优化之后的结果,能够非常有效地提升商品的转化率。

四是亚马逊记录。亚马逊商城内嵌的 Silk 浏览器可以记录用户的每一个行为,用户在流畅的体验过程中,这个浏览器会不停地收集数据,如每个用户的喜好和习惯,并一一记录下来。对于亚马逊来说,数据就意味着销量。因为有大量精准的数据支撑,亚马逊始终能够以最低的价格为用户提供最好的购物和浏览体验。此外,家乐福、麦当劳等知名企业也安装了收集运营数据的装置,这些装置可以跟踪和收集店内客流、客户互动和销售的情况。然后,运营人员可以将菜单变化、餐厅设计和用户意见等数据结合起来,利用数据工具展开分析。比如在什么地方重点销售什么产品,如何对产品进行摆放,如何调整售价等,最终为用户提供最个性化、最优惠的消费策略。

由以上案例可知,数据下量化营销模式的基础是用互联网技术采集用户行为数据,进而帮助企业找到自己的目标用户,以此为后继的系列运营提供支持。包括营销方案的制订、广告的投入等。综上所述,量化营销具有以下三个特点。

1. 客户精准

数据下的量化营销能够帮助企业和品牌找到更好地满足用户需求的方法和渠道,然后通过数据的整合和分析,得到清晰的用户画像,从而了解用户需求和个性,进而实现更加精准的服务和产品推送。比如某数据管理平台,可以对超过 10 亿个采用智能手机的用户及人群数据进行跟踪、收集、分析和研究,最终得出企业所需要的相关结果,帮助企业营销选择受众，进而有针对性地开展营销活动。

2. 投入精准

量化营销可以让广告花最少的钱，产生最大的宣传和推广效果，进而提升广告的转化率和回报率，有效地节约营销成本。比如量化营销在数据的支持下，可以挖掘出大量与消费者相关的信息，从而得出消费者的消费习惯、消费需求等，对目标受众进行归类和细分。而不再是像过去那样使用广撒网的方式投入广告，避免了浪费。同时，精准的营销活动，可以迎合消费者的需求，容易使消费者对产品、品牌产生好感，大大提高了企业和品牌的销售额和品牌价值。

3. 效果精准

量化营销通过数据对消费者进行筛选，能够让精准营销的层次再提高一个台阶。在数据的支持下，可以明确自己的目标和受众，进而提供有针对性的个性化服务。比如某科技公司通过相关的数据分析技术，对线上和线下的用户进行筛选，进而建构出不同的营销方案和模式，使营销转向个性化、定制化，而不再是综合服务化。因此，商品的导购也更加智能化，提升了消费者的好感，有效增强了服务和产品的体验。

第二章
量化营销的现状和问题

　　当前我国的市场营销环境竞争非常激烈和复杂。传统的营销模式已经无法满足市场变化的需求,企业必须借助数据技术的力量构建起全新的营销框架,进一步加强营销创新意识,才能为企业和品牌方赢得更大的市场发展空间。但在具体的实践中,还要对运用现状和存在问题加以分析,提出相应的解决对策,才能为企业抢占发展制高点提供保证。

数据在营销中的应用现状

不可否认,数据为营销作出了巨大的贡献。当前数据可以助力营销的方面主要体现在找到精准的目标客户、提高潜在客户的数量及质量、提高营销活动的精准度、做好新客户的引流和裂变等,所谓功不可没。

某电商平台利用数据驱动营销在 2020 年愚人节大获全胜,创造了 6 亿多次页面浏览并影响到近 1500 万独立用户,品牌被提及的次数增长了 270%。这次数据营销活动是一次非常成功的营销活动,品牌知名度直线提升,用户的关注度得到了巨大的提升。而品牌价格便宜、品质高和美好的基因也深入用户的印象当中。这个电商平台在利用数据驱动营销方面,主要从以下三个方面切入:一是通过数据分析自己的目标客户,经过敏锐的洞察,把营销活动锁定在以 18~30 岁的年轻人为主流的客户消费群体;二是聚焦于这些客户群体经常使用的一些主流社交和网络软件及平台,如新浪微博、腾讯微博、百度大搜、移动社交 App 以及优酷视频等;三是找到对应的渠道之后，有针对性的营销活动、营销话题等在愚人节当天集中、精准地投入，使品牌在短时间内得到了曝光，关注度直线上升，也让消费者在活动当中体验到了愚人节的乐趣；四是随后该电商平台又结合一些目标客户消费群体关注的脱口秀节目，将平台幽默的基因和定位进一步强化，多部优秀的短片亮相，与平台的基调十分相符。而这一切都是基于数据营销的应用。

还有一部叫《纸牌屋》的电视节目，也利用数据进行精准的营销，取得了非常大的胜利，让人们再一次见证了数据的力量。《纸牌屋》的制作方从3000万名付费用户的收视数据中总结出用户的收视习惯、收视喜好，然后再根据这些数据进行创作。而这个小小的举动，让《纸牌屋》在当年一个季度新增超300万名流媒体用户，出品方兼播放平台NetfLix在第一季财报公布后股价狂飙26%，达到每股217美元，较上年8月的低谷价格累计涨幅超3倍。《纸牌屋》的收视数据包括很多，有3000万名用户的收视选择、400万条评论、300万次主题搜索，最终根据这些结果来决策什么人来拍、什么人来演、具体如何演、然后如何播，每一个环节都由精准的数据来引导和决定，进而让观众来决定这个电视节目的任何一个细节。由此足以看到数据的魅力所在。

如今，越来越多的人依赖互联网，进而产生海量的数据，这些数据再通过多维度的信息重组使企业和品牌方打通了与用户、代理商之间的通道，没有了中间商，关系更加亲密与融洽。下面介绍一下数据驱动营销的七个应用情况。

一是优化定价。数据可以让企业对用户进行精准分类，明确等级，进而最大限度地优化定价，让产品与消费者靠得更近，这样可以有效提升企业的盈利能力。比如一些家居装修、装饰公司，他们会根据同行业中顾客的咨询进行定价。通过数据找到同行业竞争中的一些报价信息，获取客户资料，然后再开展人工服务电话访问。如此操作，获客成本非常低，成交转化率也有了大幅度提高。二是得到深层次用户信息。企业和品牌方可以通过数据来提高对客户的回应率，通过对数据的分析和挖掘，增加新用户，减少客户流失，增加每个客户的投入及改进现有的产品。三是完善客户关系。通过数据可以最大化地指导营销人员与客户亲近，进而创造更高的忠诚度。四是明确商业增长点。数据能够让企业和品牌方有效增加自己的收益，有效节约成本，减少相关的运营资源浪费，进而把数据的商业价值发挥到最大。五是优化用户体验。数据能够让企业和品牌方更好地了解自己的客户，通过数据分析，不断优化用户的体验。六是数据挖掘。通过用户在互联网上留下的痕迹，企业和品牌方可以做进一步的数据挖掘。比如Facebook通过页面搜索从Cookies中追踪自己的用户。如果用户在使用Facebook的同时浏览网页，那么Facebook就可以同时获知用户浏览的其他页面。通过用户留下的蛛丝马迹来分析个人属性、性格取向、消费水平、情感状态等各方面信息的数据依据，进而能够进一步了解消费者，绘制品牌受众地图，进行品牌内容评估。七是定向营销信息推送。精准营销之所以能够成功，首要前提就是能够进行精准的信息推送，即相关的促销活动、广告信息等能够准确送达自己的目标群体，让目标客户引起注意，然后产生点击、关注和购买等一系列的行为。这种精准包含两层意思：第一，知道信息推给什么样的人；第二，对于这样的人应该推送什么样的信息。如果没有数据的帮助和支持，企业和品牌方想做到这两步非常困难，无法采取这些针对性的营销措施。比如他们不知道自己精准的客户是谁，那么只能把营销信息推送给所有的人。或者不知道自己的精准客户的真实喜好和真实需求，只能按自己的猜想和预测推送营销信息，无形中造成了很大的浪费。而因为数据技术的存在，企业和品牌方可以对自己收到的用户信息进行分析研究，非常精准地确定自己的目标受众是哪些人，他们喜欢什么样的内容，从而极大地提高了广告效率，节约了广告成本。

数据驱动营销的错误认知

在数据给各行各业带来颠覆与影响的同时,数据营销的应用是很多企业和品牌方所关注的一个重点和方向,他们用数据驱动营销,包括通过收集数据、分析研究、调整运营及营销方案等有效措施,了解客户的真实需求和喜好,提高利润空间。但是因为数据庞杂,从关注到做出收集、获取等行为,都需要对数据的正确认知。但现实却不尽如人意,企业和品牌方在利用数据驱动营销的同时,反而充斥着很多错误的认知。

一、对数据驱动营销没有正确认知

某新闻媒体平台 Z 与某服装品牌 H 之间对于数据都投入了自己的热情与关注,他们不相上下,但是数据营销的效果却存在着天壤之别,其中最重要的一个原因,就是基于数据对决策的实践和运用上存在较大的差异。其中新闻媒体平台 Z 对于数据提供的相关决策信息坚决落实到位,而且非常高效,平台内与数据相关的管理也非常流畅,直接可以渗透和指导平台运营的各个环节，比如新闻创作、新闻分发、区域投入等环节。而服装品牌 H 因其服装远销欧洲、亚洲和中南美洲等地，对于收集到的相关数据，没有及时地贯彻到决策当中，也没有把数据情况反馈给各个国家的分公司，沟通时段拉得很长，运营与数据不能同步。这样一来，即使数据反映了一些顾客的意见、市场行情变化信息，这个服装品牌也不能及时把握，立即进行调整和完善，数据与运营完全是分离状态，导致数据无法驱动营销，当新闻媒体的数据运营大获全胜的时候，这个服装品牌对于数据却还停留在刻板的认识当中，视角是静止和孤立的。虽然采取了数据的前期采集、分析，但是因为思想的认识不足，运营的各个环节并不能积极配合，导致数据驱动营销的效果大打折扣。数据的成就，仅仅停留在得到了一堆数据而已。

案例中的这种情况，在很多企业和品牌方的数据应用上都或多或少地存在。这些企业和品牌方严重低估数据的作用，其数据管理部门在内部没有什么地位，不能发挥真实的作用，不能对企业和品牌方的营销决策、企划方案和市场投放决策产生高效而持续的影响。这就是企业没有对数据营销产生正确的认识，内部一些管理部门、运营思路不能跟上数据的节奏。只是把数据分析工作当作企业的一个模块，认为只要嵌入企业和品牌方现有的运营格局中就可以了。

二、对数据驱动营销的运营没有正确认知

很多企业和品牌方想用数据解决营销中的很多问题，需求很强烈，但是在具体执行和行动时，却不能坚定地走到最后。特别是当投入与产出不能成正比的时候，虽然此时还有补救的机会，只需要对相关的数据管理流程、部门等进行调整，让数据驱动营销更加流畅，但是企业和品牌方却因为看不到希望，再也不会投入时间和精力来做这件事情。导致数据营销工作不能保证所需的资源总量。比如当面向营销进行数据挖掘时，都需要有精准的目标群体来建模，完善相关的工具体系建设，让企业和品牌方能够有效提高新客户的下单率、转化率，以及老客户的复购率、裂变率。这个过程就需要企业各个部门都来提供帮助和支持，才可以完成这个工作。例如，假设企业和品牌方内部有可用的、足量的数据，那么也要经过数据的清洗、建模、挖掘、形成策略、建立营销工具、支持营销等多个步骤才能得出数据分析结果。如果企业和品牌方没有足够的数据支持，那么还要重新寻找数据源，利用相关的数据收集工具，然后再进行数据的清洗、建模、挖掘、形成策略、建立营销工具、支持营销这些同样的步骤。而这些步骤都需要企业和品牌方内部各个部门的深度参与和支持配合，否则会严重影响数据营销的效果，甚至会因为某个部门的不配合和认识不足而导致这项工作停滞或没有实效。

三、对数据驱动营销的参与没有正确认知

一些企业和品牌方认为数据营销就是成立一个部门，然后把工作都交给他们就不用管了。只要自己需要，这些部门就得给企业和品牌方提供什么，至于如何动作一概不问。他们认为，管理层面的人不需要知道数据营销的各个知识点，只要有这个思维和认知就可以了，具体的工作完全依靠数据营销部门来完成，导致参与度不够。在这种企业和品牌方的思维中，数据就是数据，营销就是营销。由此可见，要搞好数据营销，企业和品牌

方要把自己打造成学习型的企业，只有具备这种学习的素质，企业和品牌方的高层、管理层和相关的部门领导才能有充分的学习热情和能力，将数据营销应用于企业和品牌日常管理中，在各个环节中渗透。事实上，做数据营销的过程，也是一次对企业运营进行梳理和管理的机会，所有参与的管理人员和员工都能够获得一次真正的成长和学习机会，成为数据收集、数据分析、数据帮助决策中的能手，进而有效提升企业和品牌方的竞争实力。

第三章
量化营销：用数据构建用户画像

现如今，为什么消费者感觉自己在企业和品牌方面前越来越透明？自己的所思、所想、所求他们都可以掌握。这一切，都依赖于互联网数据技术的不断发展和运用，而用户画像正是数据比较厉害的商业价值之一。

你真的了解用户画像吗?

随着互联网数据技术的不断更新升级,对企业和消费者的一些行为都进行了重塑与改变。其中变化最明显的就是,消费者的一切行为在企业面前都是透明的,企业可以随时掌握。这一切都依赖于数据技术的不断深入与研究。所以,才会有越来越多的企业关注用数据来驱动营销,进而挖掘最大的商业价值。基于这样的背景,用户画像这个概念才被人们所熟识。

所谓的用户画像最早是由交互设计之父 Alan Cooper 提出的,他认为用户画像就是真实用户的一个虚拟性代表,是建立在一系列的属性数据之上的一种用户模型。当然,随着这个概念的不断演变,现如今用户画像这个概念已经被重新赋予了内容和意义,一般意义上的用户画像包括用户的一些基本特征、基于网络的社交活动、消费行业、关注内容、信息喜好等方面,特别抽象。

"千万人撩你,不如一人懂你。"事实上,用户画像一点儿也不如想象的那般神秘,它主要是根据用户在互联网上留下的种种数据,主动或被动地去采集、加工，把这些数据加工成一个又一个标签。比如判断用户的性别是男性还是女性，判断用户的工资，一个月能有多少收入，判断用户有没有恋爱、结婚，平时喜欢关注什么内容，是不是有购物的倾向，有什么喜好等。但用户画像并不是具体指代任何一个人，而是一类人，一个群体。比如一群人，都是白领，名牌大学毕业，都在一线城市工作，单身，喜欢时尚和新鲜事物等。

老王经营着一家沙拉店，主要经营绿色健康的沙拉，推出了各式各样的沙拉。为了把沙拉卖得更好，老王准备通过用户画像来指导营销。老王把客户分为两种，一种是潜在用户，另一种是新用户：潜在用户是注册过沙拉店App会员的，但是没有下过单；新用户是只购买过一次沙拉的用户。除此之外还有一部分老用户，即已经购买过两次以上沙拉的客户群体。老王把客户分类出来之后，设置了一个红包活动，只要是在规定时间内下单购买沙拉的客户，都可以得到10元的红包，用户可以用来抵扣消费金额。但是活动推出之后，效果却不尽如人意，所有的客户对此并没有什么反应。这让老王非常苦恼，自己明明是通过数据分析之后策划的营销活动，为什么失灵了呢？

从案例中我们看出，虽然老王做了用户画像分析，但是他没有在对用户分类之后进行针对性的营销，而是统一设置了一个活动，不疼不痒，哪一类客户也没有感觉，导致营销活动失败。事实上，老王应该针对客户分类，分别设置营销活动。比如对于潜在客户，可以设置一个新人红包，引导其进行消费购物；对于新客户可以设置代金券活动，引导其再次购买；对于老客户可以设置会员卡，引导其通过储值获取折扣。这样改进之后，营销活动就会有针对性，客户感觉老王的沙拉店非常懂自己，知道自己想要什么样的优惠，自然老王沙拉的生意就越来越红火。

相比较过去传统营销中的营销活动，用户画像可以改变企业和品牌方闭门造车的生产模式，在知道用户的需求之后，对内可以进行有针对性的生产，对外可以进行精准的营销，提升用户体验，完善企业的生产和销售流程。但是很多企业在运用用户画像的过程中，因为一些认知上的错误，导致用户画像工作走入误区。那么，用户画像都有哪些误区呢？

一、用户画像与业务没什么关联

有的企业做用户画像只是跟风，看别人在做，自己不管三七二十一也跟着做，没有搞明白自己企业的应用场景和运营目标，很可能做出来的用户画像与企业的核心业务没有什么关联和实用的价值，成了鸡肋。所以企业在做用户画像的时候，要结合自己的实际业务进行，而不是只做表面工作，不重视用户画像的实用性。

二、用户画像没有发挥出应有的价值

有一部分企业非常重视用户画像的结果，不只有静态图，还有可视化的动态图，此外还有地图、词云图、力导图等各种各样的形式，但其实质都是在 Excel 的基础上表现形式酷炫了一些而已。用户画像应该避免陷入这种形式主义的套路之中，应该对营销具有指导作用，产生具体的效用和价值，而不是一味地吸引眼球。

三、用户画像没有常态化进行

用户画像工作对于企业来说，应该是一种基础性的工作，而不是临时起意才进行的工作。他们没有真正意识到用户画像的重要性，总是在需要用到的时候，才临时提需求，找数据相关部门支持。事实上，在激烈的市场竞争中，用户画像应该成为企业的常态化工作，随时随地都要进行，利用用户画像把数据驱动营销落到实处。

四、用户标签只重数量不重质量

很多企业在做用户画像时，对于用户的标签追求越多越好。他们把包括用户衣食住行、吃喝拉撒、七荤八素的指标和标签都画出来。但事实上，标签并不是越多越好，因为很多标签会被闲置起来，利用率并不高。于是很多企业对用户标签进行清理，将用户标签库从原来的近1000个标签压缩到了300个左右。而且用户标签要定期更新，因为用户画像是动态的，会随着时间的变化而变化。由此可见，企业在用户画像中构建自己的用户标签库时，一定不能一味地贪多求全，而应结合企业的实际进行，以实用为基本原则。因为标签是有生命周期的，从需求提出、生成、审批再到发布和退出，需要建立一套相应的管理机制。在此基础上，再根据后期业务增长的需求适时扩张。否则一开始时就要建立庞大的数据库，不仅费时耗力，还不一定能收到预期的效果。

为什么要构建用户画像

很多企业要做一个产品或营销活动，总是希望自己的产品和活动能够涵盖所有的人群，这些人包括男人、女人、老人、小孩、普通市民、社会精英等，认为只有这样的产品和活动才是有效的，更具有生命力。事实上，企业如果有这样的想法是非常可怕的，只能让自己的路越走越窄。因为每一个产品都是为特定目标群的共同标准而服务的，目标群的基数越大，这个标准就越低。也就是说，如果一个产品适合所有的人，那么这个产品就是为最低标准而服务的，这样的产品要么是没有自己的特点，要么就是品质很低。

有一家美妆品牌想在激烈的市场竞争中站稳脚跟，锁定自己的目标客户群体。他们想利用数据做用户画像，做好消费人群的营销策划。于是，他们根据用户画像，把自己的客户做了以下标签，共分为以下八大类型。

一是都市白领。这一群体都居住在一二线城市，以"85后"和"90

后"为主，他们正处于事业的奋斗期，日常的工作节奏非常快，对于自己的消费便利性要求很高，因为他们的时间很有限，精力也有限。他们非常热衷于线上购物，具有热情，化妆品、护肤品消费支出在日常消费中占比很高，且始终保持着一个快速增长的势头。而且这些人喜欢新鲜事物，对自己的外表形象关注度高。二是中产阶段。这些人也居住在大城市，以"70后""80后"为主，这一群体大多事业已经比较成熟，很多人身居管理位置，在公司和企业达到中层以上。他们对新鲜事物的关注度不如年轻人，消费购物比较频繁，也会线上购物，但是更加注重品牌和质量，消费中高端产品居多，在线下购物时比较侧重个人体验的舒服。三是年轻妈妈。这个群体身负多重角色，除了希望自己能够保持年轻和美丽之外，也会关注孩子的健康与成长，对于家居生活追求品质和美好体验。她们是家庭支出的决策者和执行者，在快节奏的生活中，更愿意买到便利、好用的商品，消费能力和频次比较高。四是城镇青年。这个群体生活在低线城市，相比大城市的同龄人，他们的生活压力相对较小，慢节奏的生活让他们可以有大把的时间用于娱乐、社交和休闲。这也让他们更注意自己的形象和外表，是一个非常有消费潜力的群体。五是"95后"群体。这个群体是互联网一代，日常工作和生活非常依赖互联网，热衷于互联网上的消费与娱乐，生活精力旺盛，喜欢尝新，对新奇的事物充满热情，喜欢快消品，注重潮流，没有品牌的忠诚度。他们自然特别关注外表、颜值，是美妆（尤其是彩妆）品类增长的主要贡献者之一。六是银发一族。这类人群都有充足的退休金，线上购物习惯一般，大多受一些流行的消费观念影响很深，喜欢便宜、打折的商品。对于自己的外表不是特别关注，更会选择自然、健康的产品。重视亲朋好友之间的关系维护，经常推荐和分享，有社交裂变的潜质。七是小镇老年人。这个群体大多在低线城市生活，休闲时间比较多，生活节奏比较慢，喜欢看电视、玩电脑打发时间。线上消费比较少，重视熟人社交的他们也是社交裂变拉新的主要参与者。八是普通上班族。这类人群是生活中较为常见和数量众多的一个群体，主要从事餐饮、运输、零售等行业的工作。相对新锐白领、资深中产等人群，他们收入偏低，加之城市较高的消费水平、家庭各项支出的压力，在购物中较为追求性价比，与中产群体在大快消平台的人均消费额差距较大。

通过用户画像分析，这个美妆品牌提出了针对性的营销方案，对自己的产品和品牌定位，采取了一系列的优化和调整。比如产品定价策略、产品营销内容、品牌渠道创新等，精准锁定自己的目标消费群体，不断升级他们的消费体验，更加高效地触达和转化消费者，取得了很好的成效。

由此可见，企业的产品研发、生产和销售环节中强调用户画像，主要是因为做用户画像可以发挥以下三个方面的作用。

一是精准营销。比如精准直邮、短信、App 消息推送、个性化广告等。在传统的营销模式中，销售找客户的方式是在街上发传单、发名片，但是实际的效果却并不好，很多人只是看一眼就丢进垃圾桶，发一大堆出去，没有什么反响和效果。有相关数据表明：全球每年有 120 亿张名片被交换，88% 遗失，转化为商业价值的名片还不到 1%。由此可见，利用数据进行用户画像可以提升营销的精准度。

二是专注服务。比如指导产品优化，甚至做到产品功能的私人定制等。很多成功的企业和产品，他们的目标用户非常明确和清晰，具有很明显的特征，然后再提供非常专注的服务。比如苹果的系列产品，服务的人群是那些在生活中有态度、有品质、有个性的人，苹果十几年如一日地专注服务他们，最终赢得了非常好的用户口碑和市场份额；再比如豆瓣平台，只为文艺青年服务，很多文艺青年感觉在这里自己会被关注和理解，所以用户黏性非常高，在文艺青年中有很深的影响力。

三是个性服务。这个是很多用户画像企业想要达到的营销目的，让自己的产品和服务更加贴近用户和消费者，让他们产生这个产品和服务比较懂自己的印象，进而喜欢上这个产品和服务，比如个性化推荐、个性化搜索等。此外，用户画像的作用还有业务决策，比如排名统计、地域分析、行业趋势、竞品分析等。比如某款产品在问世之前，曾做过近两万人的用户测试，测试中测试者对他们产品的很多功能都表示肯定，认为使用起来感觉也非常好，得到这样的反馈之后，这个产品才去投入市场，最终取得了非常好的销量。

洞悉用户标签和分类

用户画像的本质就是给具有固定特征的群体贴上标签,进行分类管理,然后分别有针对性地进行运营,进而提升营销的精准率。

焦先生是一个外贸人,经常参加很多展会,每次展会他都能得到很多客户的名片,对于这些名片他会进行筛选、分类和贴标签,方便后期公司的业务人员进行销售跟进。焦先生认为这么做非常重要,主要有以下两个原因。一是这些客户都是在展会上见过面的,相比那些陌生的客户,这些客户具有亲切感,也比较容易产生信任。而且这些客户之所以能够留下名片,就是因为对自己的产品非常感兴趣,通常情况下,如果进行开发,那么成功率会比较大,因此,给他们进行分类、贴标签之后,要优先进行开发。如果这些客户后期还会到自己的公司来考察,那么标签上也会注明是展会认识后到公司拜访的客户,这些客户非常具有合作诚意,在后期的维护中可以进行重点跟进。二是展会上的客户如果突然对其进行电话拜访会显得突然，那么就可以设置一些问题来进行跟进和拜访，比如询问客户明年会不会再参加展会等。这样就会成功和客户联系上，不会错失与客户见面的机会，进而提高客户成交的成功率。

这是在传统营销模式下的客户标签方法，效率不高，但仍有用。而以数据为基础的数字营销，则会把用户标签和分类进行得更加精细化。通常情况下，会从以下四个方面给用户画像贴标签，进行分类。

一是基本属性方面的分类。在这个选项里包括一些非常基础的数据，比如客户的年龄、性别、生日、教育、身高、收入、职业等。

二是社会关系方面的分类。在这个选项里可以包括客户的婚姻、恋爱状态，有没有孩子，家里是否有老人，个人喜好是什么，有什么特别的地方等。

三是行为特征方面的分类。在这个选项里又包括两个方面：一方面是基本的行为。包括这个客户是什么时间注册的、从什么渠道吸引而来、最近什么时间比较活跃、最近的一次购买是什么时候等。另一方面是消费行为。包括这个客户有没有购买过特别优惠的产品，有没有使用过代金券，经常买什么产品，喜欢什么时间来消费等，这些对于运营来说，非常有帮助。

四是业务行为方面的分类。在这个选项里，会积累和沉淀一些竞争对手不会关注的数据。比如在一个健身的App中，会积累很多客户的运动数据和个人运动方面的数据。包括胖瘦高矮、体脂率、BMI、在练胸或者练臀、日均有没有10000步、收藏了多少份健身计划、经常锻炼运动的项目等。

　　知道了标签的分类方面，那么这些用户标签是从哪儿得来的呢？主要有以下三个方法和渠道。

　　一是直接填写资料而来。有的企业为了给用户贴标签，在做用户画像的时候，会设计一些相关的表格、资料，让用户直接来填写。比如在一些注册页面，会让客户认真填写自己的基本情况，包括姓名、性别、年龄、家庭地址、联系方式、个人喜好等。通过这些数据资料，可以直接为用户贴标签，进行分类。

　　二是通过用户特征预测而来。也有一些企业会通过自己已经掌握的用户特征进行科学预测，进而得出相关数据，进行贴标签和分类。这种方法没有让用户直接填写资料简单方便，但是在某些场景下还是可以推行的。比如做相关的营销活动时。例如，某电商平台的运营经理，在做相关的推广活动时，就会预测自己的用户群体，那么他可以根据平台用户平时所购商品找到一些规律，比如一个经常买女性化妆品、服装和鞋子的客户，那么她一定是女性消费者；如果客户的消费能力特别强，经常买一些客单价很高的产品，那么这些客户很可能来自一二线城市；如果客户的收货地址经常是北京，那么就可以推算用户很可能就是北京人；如果客户经常购买一些有品质的、外贸进口的商品，那以这个客户一定比较重视生活的品质；而经常购买打折和促销商品的客户，其消费能力也不会太强。以上，就是一种基于已有的特征进行预测的一种给用户贴标签的方法。

　　三是通过用户身边的人推断得来。还有一种给用户贴标签的方法，就是通过用户周围的人进行判断。如果某些属性，周围的人都具备，那么这个人应该也具备这样的属性。比如一个电商店铺，如果自己的客户群体都是一些有品位的女性，她们大多生活在一二线城市，无论是化妆品还是服装，都有一定的品位，那么对于其中一个用户，基本上也具有这些特征。这就是根据用户身边的人进行推断，然后给用户贴标签，进行分类。虽然这种推断方法不是太精准，但是在某种程度上，也已经足够企业营销参照，并不需要百分之百地精准。当然我们还可以根据这类用户后期的一些消费行为，不断修正和更新自己的标签，让这些标签越来越精准，而不是一步到位，毕竟做到这一点，是有一定难度的。综上所述，足见用户标签的重要性。但事实上，给用户贴标签，只是为了更加精准地制作用户画像，只有足够的标签才能够帮助企业更好地整合资源，让用户画像更加鲜明。但标签画像体系并不是一个拿来即用的东西，它需要投入一定的人力和资源去建设和维护才能和公司的业务场景很好地结合，发挥它的价值。如果没有这一点作为支撑，用户标签只能是巧妇难为无米之炊，无法更好地为用户画像服务。

构建用户画像的步骤

一个偶然的机会,你在一个场合看到了一个帅哥,身高一米八、发型精干、浓眉大眼、身姿挺拔、穿着有品,如果你对这个帅哥产生了浓烈的兴趣,想让他做你的男朋友,那么你就会忍不住去打听这个帅哥的点滴,比如他在哪儿工作,家住哪里,性格如何,有什么样的兴趣和爱好等。当你对这个帅哥有了这些外围的了解之后,你觉得自己对他非常满意,那么就决定找个合适的机会向这个帅哥表达爱慕之情。

事实上,这个过程就是一个给用户画像的过程。你在向这个帅哥表白之前,已经通过各种了解对这个帅哥有了初步的印象和判断。

外表:他是个绝对的帅哥,身高一米八、发型精干、浓眉大眼、身姿挺拔、穿着有品,带出去跟别人说是自己的男朋友,别人都会特别羡慕。

内在:他积极上进,知书达礼,喜欢看书,举止有风度,且心思细腻,待人亲切等,和他相处,会让你感觉如沐春风。

用户画像的步骤与找对象的过程,其实用的是同一个思路和道理,区别只是找对象是针对一个人的,而做用户画像是针对一群人的。我们找到这群人之后,要对这群人的总体特征进行提炼,也就是我们所讲的贴标签。比如我们在日常生活中,一提到广东人,就认为广东人都爱吃;一提到犹太人,就会认为他们是世界上最会经商的民族;一提到山西人,就知道他们都爱吃醋、吃面。而对一个群体的特征进行归纳,找到一个明显的特征,就是在对这个群体贴标签,也就是用户画像的一部分。

但这个贴标签的过程,并不是一个简单和随便的过程,就像你找对象,不是看看外表就可以,还需要进一步的相处和了解,甚至还会去同事、朋友那里打听对方的性格、爱好和家庭条件等。所以,我们在构建用户画像的时候,必须要遵守一定的思路、步骤和方法,才能进行有效的用户画像。一般情况下,用户画像的构建是从思路构建开始的,需要我们从两个方面来开展,这两个方面分别是显性画像和隐性画像,具体的构建也都是围绕这两个方面进行的。

显性画像:所谓的显性画像,是对某个客户群体的非常明显的特征进行总结和提炼,包括这个群体的性别、年龄、职业、地域、兴趣和爱好等方面的特征。

隐性画像:所谓的隐性画像,是对某个客户群体内在的一些特征进行总结和提炼,包括这些群体的特别产品需求、特别使用场景、特别使用频次等。

一般情况下,用户画像的构建过程,大致可以分为以下五个步骤。

在用户画像开始之前,要先进行战略解读,也就是搞清楚企业和品牌方为什么要构建用户画像,是为了实现什么样的营销目的。比如是为了优化产品结构，还是为了提升产品质量，或者是为了实现精准化的营销等。然后根据不同的战略，构建不同的用户画像，只有这样用户画像才能够更精准。因为一个用户画像的构建过程，需要对于客户群体的特征标识做到高度精练，如年龄、性别、地域、用户偏好等，最后都是为了将用户的所有标签综合起来，服务于不同的营销战略。由此可见，在构建用户画像之前，明确用户画像平台的战略意义、平台建设目标和效果预期，才能有针对性地开展下一步的工作。

第一步：用户建模。在这个步骤，针对不同角色人员的需求（如市场、销售、研发等），结合公司营销的实际情况，设计各角色人员在用户画像工具中的使用功能和应用/操作流程，有针对性地提取用户的特征和相关的数据源，然后以数据实体为中心规约数据维度类型和关联关系，形成符合客户实际情况的建模体系。

第二步：数据收集。完成用户建模之后，以用户、商品、渠道三类数据实体为中心，通过相关的数据收集工具，把需要使用的数据统一存放起来，进行数据维度分解和列举。比如某些电商平台，根据相关性原则，选取和战略目的相关的数据维度，把收集到的用户数据统一放到相关的设备中，便于下一步的整理，避免产生过多无用数据的干扰。

第三步：数据清理。公司就采集到的相关数据，根据营销活动的需要，对原始数据进行过滤，对可能存在的非目标数据、无效数据及虚假数据进行清理，这一步的主要工作是对收集到的各种来源杂乱无章的数据进行字段提取，得到关注的目标特征。如果在这一步，有些特征可能无法直接从数据清理得到，比如用户感兴趣的内容或用户的消费水平，那么可以通过收集到的已知特征进行学习和预测。

第四步：贴上标签。在这一步企业会将得到的数据归类到构建的一系列标签当中，或者将用户的多种特征组合到一起，并给出一定的可信度。这个过程非常关键，因为标签的选择将直接影响最终用户画像的准确度与立体感，所以数据进行标签化的过程中，要注意与企业的自身营销需求相结合。比如一些电商平台，在价格信息方面的标签要进一步细化，而对于信息资讯类的则要概括化。

第五步：生成画像。系列数据最终生成了用户画像。但用户画像并不是一成不变的，具有灵活性，可分为静态和动态两种，具有可视性。

在这五个步骤中要特别注意，只有建立在客观、真实的数据基础上，生成的用户画像才是有效的用户画像。所以，在第一步进行用户建模时，需要从多种维度入手，比如行业数据、全用户总体数据、用户属性数据、用户行为数据、用户成长数据等方面，然后再通过行业调研、用户访谈、用户信息填写及问卷、平台前台和后台数据收集等方式获得相关数据。

用户画像的数据分析法

在构建用户画像的过程中,其实运用更多的是一种分析的方法,通过这种思维的指导,可以在构建用户画像时,提供一个系统、框架性的构建体系。其工作的核心在于,能够对用户的核心点进行理解,因为接触点的内容直接决定着标签的信息。

比如小丽看了一部电影,可能产生的标签是知名女明星出演、爱情片、国产剧等。而接触点就只是小丽看了一部电影。由此可见,接触点并不一定有具体的内容,但可以在这个接触点上进行内容拓展。比如某个行为超过多少次、达到多长时间等。也就是说,一个标签的产生过程是人为规定的、高度精练的特征标识。所以,对相关数据在各个环节采取适用的分析法至关重要。

一、数据源方面的分析

构建用户画像的真正目的就是得到用户的真实信息,所以任何数据源,都必须是与客户有关联的数据。运用分析法对用户相关的数据进行分类，需要注意思维的封闭性。比如这个世界上只有两种人，一种是男人，另一种就是女人；学英语的人只有两种，喜欢学英语的人和不喜欢学英语的人；客户价值可分为三种，一种是高价值的客户，另一种是中价值的客户，还有一种是低价值的客户；而任何事物的成长周期，都包括生长期、成熟期、衰退期等。如此分类，不会产生遗漏，也不用担心因考虑不周全等留下精确度的隐患。

数据源可以客观反映一款产品的状态和所处的阶段；做完一次营销活动，可以通过数据知道效果好不好，问题出在哪里。数据可以直接告诉你实现某个目标的最佳路径。精细化的数据源分析可以帮助企业和品牌方更加了解用户，理解用户。

二、用户画像目标方面的分析

用户画像的目标就是通过分析用户的特征，给用户打上相应的标签，有的还可以打上标签的权重。比如在标签"李小龙""武功""电影""0.8"中，"李小龙""武功""电影"等代表标签的具体内容，这些内容指出了这些标签都是关于李小龙的，关于李小龙的武功、关于李小龙的电影等，只要是与这些相关的内容，都可以放在这些标签中；而"0.8"则表示权重，代表着一种指数，也就是这些信息与李小龙本人、武功、电影相关的程度达到了什么级别，如果以"1"为最高，那么"0.8"就代表相关度很高。

再如，一个互联网消费者在红酒专门销售平台和在某宝上浏览红酒信息的权重是不一样的。在红酒平台，他的权重就非常高，因为他可能非常想买红酒；而在某宝上，或许他只是想看看，了解一下，但是一点想买的意思也没有。用户的关注点方面的权重存在差异。这就需要分析，只能通过分析才能得知这个权重是高还是低。

这个过程运用的就是数据分析方法，大部分的产品模式都可以使用这个分析法来进行，包括获取用户、提高活跃度、提高留存率、获取营收、自传播。这五个指标并不一定遵循严格的先后顺序，例如，用户可能先推荐某一个产品后再购买，或者在光顾很多次之后再注册。

三、数据建模方面的分析

对任何一个数据进行建模，都要进行分析。数据建模分析需要学会做数据维度的逐级拆分，以结构化思维来做运营数据的全面的、系统性的分析。哪个是最好的流量来源渠道？高质量用户的行为特征是什么？活动转化设置的转化率是多少？这些都依靠数据来进行内容调整和决策。比如销售一瓶矿泉水，需要从三个方面分析用户的行为：在什么地点，什么时间，有什么人参与等情况下发生，然后进行综合研究。这瓶矿泉水，在超市卖1元，火车上卖3元，景区卖5元。商品的售卖价值，不在于成本，更在于售卖地点。由此可见，标签都是"矿泉水"，但接触点的不同体现出了权重差异，而这些只有通过对时间、地点、人物三要素进行有效的分析才能确定这瓶矿泉水的价值。

QQ音乐如何猜你喜欢？

QQ音乐平台的一个年终听歌报告H5刷爆了朋友圈，这份报告告诉人们，自己在这一年通过QQ音乐听了多少首歌，用去了多少时间，哪首歌重复播放的频率比较高，最喜欢哪首歌，最喜欢的歌手是谁，哪天又熬夜了等，对用户的听歌需求进行了一次深入的洞察。

很多人感觉QQ音乐平台利用数据记录分析自己听音乐的喜好，比自己还要了解自己。虽然对这份音乐报告的精准度还有很多的争议，但是对于个人听歌来说，没有必要那么精准，只要记录了自己的听歌行为轨迹就好，从这些轨迹中看到自己走过的路，这已然足够。而我们从QQ音乐H5刷屏的现象，看到的是数据分析带来的巨大营销价值，用数据驱动营销策略，营销打动更多用户，QQ音乐不断增长的用户数是最好的说明。

QQ音乐诞生的时间并不长，但是在很短的时间内能积累好几个亿的用户，App活跃用户数排在音乐类App前三，这离不开QQ音乐一次次线上、线下的营销刷屏。但刷屏的背后，正是QQ音乐通过数据对音乐市场的用户洞察，进而才实现精准化的营销。

很多人喜欢用QQ音乐听歌，就是因为QQ音乐有一个非常特别的功能，它可以向用户推荐"猜你喜欢歌单"，这个功能每天定时更新，根据用户平时听歌的风格、歌手、时长、类型等元素生成。很多人都惊奇，QQ音乐怎么知道我喜欢什么样的歌呢？

这是因为，据相关调查得知，一个人一辈子往往只会听三五千首歌曲。这个数据是指现如今在智能科技高度发达的今天，在听歌无比简单、便捷的情况下，任何一个人也不可能把音乐平台上的歌都听一遍。在最早的听歌模式中，手机中的音乐播放器，只能播放客户主动搜索的歌，而不会主动推荐。后来中国互联网音乐平台进入算法时代，用户听什么歌由算法决定。但这个算法并不是公平公正的，它由音乐平台方控制，体现的是平台的运营思想和意向。其衡量音乐的标准非常简单，就是通过播放量确定，然后根据播放量把音乐分为三六九等，而不会去研究每个音乐分别适合什么样的人。所有的人听到的可能都是播放量高的歌，对一些有特殊听歌喜好的人，就无法很好地满足。而且一些热门歌曲，很多平台都争着去播放，而一些冷门、小众音乐则没有露脸的机会。由此可见，算法不仅能决定推什么歌，还能决定推谁的歌。

虽然算法给互联网各大音乐平台带来了可观的经济收益，但是用户体验还没有达到最好。传统的互联网各大音乐平台的算法并不能精准地推送给用户他们喜欢的音乐。随着互联网算法技术的日新月异，很多互联网音乐平台为了留住用户，纷纷抛弃旧的算法模式，采用个性化、标签化的推荐算法。根据推荐算法，互联网音乐平台会向用户推荐大量他们喜欢的歌,这些歌大多具有相似的风格、相似的基调、相似的歌手。但是这样真的好吗?事实上并非如此,用户听着听着会产生审美疲劳。比如一个人喜欢吃什么,就不停地给他吃,那么这个美食再好吃,这个人也有吃吐的一天。为了避免这种现象的出现,QQ音乐平台推出了"猜你喜欢歌单",在这个歌单里,用户不仅能听到自己喜欢听的歌,也可以听到一些不一样的"惊喜"歌曲,这个歌单会不断探索用户的喜好边界。比如你喜欢听刀郎的歌《情人》,那么在"猜你喜欢歌单"里,可能会有刀郎其他的歌,也会有与歌名《情人》相关的爱情歌曲,也会有新疆风格的歌曲等。用户的年龄、喜好和关注点,QQ音乐平台都能够进行很好的拓展,最后才得出一个"猜你喜欢歌单"。而这个决策就是数据人工智能运用的结果,通过相关的数据驱动营销,只有很好地了解客户,才能够知道客户喜欢听什么。相比传统营销中使用问卷调查、用户访谈来获取用户的真实需求,数据技术相对要便捷、准确一点,因为数据是不会骗人的。

而且,在QQ音乐平台实现音乐个性化推荐的同时,对数据的分析也能帮助QQ音乐的营销人员洞察和把握用户的情绪。QQ音乐的用户听完歌后,会产生大量的评论点赞,而这些数据汇集起来,就是客户的心理现象。然后通过数据分析,QQ音乐及时抓住用户心理需求,一次又一次做出与用户心理相符的营销活动。

其实,QQ音乐文初发布的年终听歌报告H5,就是根据QQ音乐数据分析,掌握了当年音乐市场和用户听歌行为呈现的十大现象和趋势之后才推行的营销计划。QQ音乐数据分析如下。

*听歌进入社交化时代，听歌单、听歌看评论成为流行听歌行为；

*个性化推荐已覆盖多数听歌用户，越来越多的用户通过个性化推荐发现好音乐；

*独立音乐人迅速崛起，社交互动助推音乐人涨粉；

*"90后"已成为音乐消费主力人群；

*用户付费意识明显提高，付费会员数和数字专辑售卖增长迅猛；

*综艺影视对音乐的影响依旧强大，热门歌曲中七成来源于综艺或影视；

*听歌进入多元化时代，民谣、电音、二次元音乐崛起；

*偶像流行乐保持高热度，欧美歌曲受众提升；

*音乐市场正在构建一种新的评价体系，评论数成为歌曲热度重要评价指标；

*男歌手受喜爱度高于女歌手，女性歌迷消费群体经济崛起。

在这份数据分析的驱动之下，QQ音乐在当年的营销推广中如鱼得水，创造了很多现象级的营销成功案例。

第四章
量化营销：用数据发掘用户需求

　　用户需求是生产之源，项目之始。如果能够收集各种各样的用户需求信息，对其进行分析、挖掘和研究，最终筛选出有价值的需求数据，并将其成功运用于产品研发、生产、销售之中，才能体现出营销的专业程度和水准。

搞清楚需求与发掘

对于企业和品牌方营销部门来说，经常提到的一个词就是找需求，这也是考验一个营销部门工作合格与否的一个衡量标准。因为需求才是生产之源，项目之始。如果能够收集各种各样的需求，对其进行分析、挖掘和研究，最终筛选出有价值的需求信息，并将其运用于产品研发和生产之中，才能体现出营销部门的专业程度。比如现在流行懒人经济，很多人不想做饭，但又想吃好吃的，外卖送餐服务就应运而生，虽然会比平时多花一点配送费，但是人们就是图个方便。于是，产生了美团外卖、饿了么等企业，这就是一种需求挖掘的结果。

运营人员告诉产品经理，自己将推出一项新的服务，希望能够将收集到的用户反馈同时反馈给平台商家。产品经理问具体如何实现，运营人员说，他们将会对用户的反馈进行统计和梳理，然后再同步给商家。产品经理又问那些用户反馈都包括哪些内容，运营人员说各种各样的反馈，有图片、语音、留言和评论什么的，这样可以促进商家改进和优化自己的产品和服务。产品经理回答道，如果靠人工来做这项工作，不太现实。不如在订单页面直接设置一个与商家邮箱相连接的窗口，用户可以自己去把反馈触达商家，这样不仅节省时间，还会让商家感觉真实。运营人员感觉这个方案非常好，于是在线上平台的商品下单页面处设置了这样一个窗口。

从这个案例中我们看出，客户需求是需要通过一系列的方法、渠道去主动挖掘的，而且是一步步地挖掘。案例中的运营人员的核心诉求是把用户的反馈同步给商家，让商家进行服务升级，为用户提供良好的服务体验。而通过产品经理的分析和建议，找到了更好的解决方案，而且比运营人员最开始提供的方法要便捷很多。现在只需负责监控商家是否实际去执行落地，效率和结果会比直接通过系统工具完成更好。运营人员不用再去推送反馈，客户下单后，有任何反馈，系统都会及时推送给商家，省时又省力。

具体来讲，客户需求与挖掘的关系，主要体现在以下两个方面。

一、没有挖掘，需求就不全面

有人把用户需求比作一座水上冰山，人们看到和感觉到的，其实只是水上的一部分，这部分需求，非常显眼和常见。而更大的部分的需求则是深深地隐藏在水下的，是看不到的。

小王帮助一位房产中介公司开发一个房源信息管理系统，这个房地产中介公司的负责人告诉小王，他们的业务员平时都有两个本子，一个登记房源相关的信息，一个登记客源的信息，这样方便查询。但是随着业务的不断扩大，房源和客源不断增多，这时候再用本子来查询就非常不方便。小王听到用户的这个需求，就决定在系统上做"两张数据库表+查询功能"，很好地解决了这个问题。系统交付之后，小王觉得自己的工作已经完成了。但不久房产中介的负责人又来找他，希望能够增加一个多组信息查询的功能。小王问为什么，房产中介的负责人告诉他，多次查询之后，查询结果没有合在一起，还是不方便。但是小王感觉再增加这个功能，系统做起来会很麻烦，于是就去请示公司的领导，领导听后，建议小王增加一个记录销售线索的数据库表，每当新增一个房源或客源时，系统自动生成相应的销售线索，这样可以连查询功能都不需要了，这是一个非常省时省力的办法。于是小王就按领导的建议做了，结果客户非常满意。

这个案例就是对客户的需求进行挖掘的结果，这时候小王如果按客户的要求继续投入大量的时间把多组查询的需求实现，然后经过多轮需求变更才达到客户提供的解决方案阶段，代价就是期间浪费大量的研发资源。此外，用户也会觉得小王能力一般。如果及时进行用户需求挖掘，就会很好地规避这种情况。

二、没有挖掘，就不知道用户真正的需求

运营小李找到技术小王，希望让用户关注公司的公众号后，公众号能够自动推送一些内容，回复这些内容可以跳转到需求的页面，而且这些回复内容可以自由编辑。小王一听小李的要求，感觉很简单，认为只是在公众号后台增加一个关注自动回复的基础功能就好了。很快设置好之后,小王告诉小李可以按预想营销了。但是小李去后台体验了一下之后告诉小王,这根本不是自己想要的。因为不能跳转小程序,回复文本也不能自由编辑,就是个鸡肋。实在没有办法,小李找到第三方技术公司才解决了这个问题。

这个案例中小王的问题就是出在没有对用户需求,也就是小李的需求进行深层次挖掘,虽然在公众号后台进行了一些设置和调整,但是却没有提供将链接转为超链接的功能,以及插入小程序链接的功能,最后需求方小李完全用不了。所以,小王应站在需求方小李的角度来想一下这个问题,自己关注了一个公众号,公众号自动回复一段文本加很长链接是什么感觉?体验肯定很糟。所以,小王缺乏的正是对小李需求的挖掘,如果能够结合小李的需求场景进行换位思考,就可以满足小李的运营需求。

用数据发掘客户需求的方法

《道德经》有一句话是这样说的,"大方无隅,大器晚成,大音希声,大象无形",用这句话来形容数据最合适不过。在"大象无形"的数据时代,我们可以更加精准和便捷地获得自己想要的资源,但同时也会产生各种干扰信息。所以,将这些信息进行高效的筛选和提炼,才是数据报告制作的精髓。说到底,这也就是一个用数据发掘客户需求的过程,主要有以下九种方法。

一、用户访谈

在通过用户访谈挖掘客户需求时,要告诉受访的用户具体访谈的内容和目的,让受访者明白接下来要回答哪方面的内容,这样会让受访者更加轻松,也便于他们对接下来要回答的问题有所准备。对于受访客户来说,他可能对产品的体验、具体的专业技术和功能讲不出来,在这种情况下,可以让客户讲自己使用产品的一些小情节、小故事和小体验,这样得到的信息才是最真实和最可信的。然后在其中发掘有价值的信息,进而抓住重点进行拓展。比如客户使用一款破壁机，讲自己有了破壁机之后，早餐丰富了起来，可以做各种各样的粥品，有营养还便捷。但是他发现一个问题，就是破壁机非常难清洗，不小心就会被刀头割到手，太煞风景。破壁机品牌方在这个访谈中听到这个反馈，非常重视，针对破壁机的清洗专门成立了相关的技术部门，想办法来破解破壁机难清洗这个难题。

二、业务分析

业务分析是营销部门对企业内部各个业务部门、生产流程进行跟踪体验，然后进行业务分析，在保证产品质量和生产目标的前提下，更好地优化生产和业务的流程。比如原先要 5 步完成的，能不能 3 步完成？原先 5 个人完成的工作，能不能 2 个人完成？这样可以有效地降低产品成本，进而可以在价格上更好地满足用户的需求。

三、问卷调研

根据产品的形态、定位、基调，找出自己想从客户那里了解什么样的信息而进行问题设计，进而了解用户的真实想法。然后通过问卷星、调查派、问卷网等平台设计调研问卷，再通过社交平台（微信、QQ、微博、脉脉、知乎）进行线上投放分发。最后根据统计结果，对统计报告进行需求挖掘。

四、竞品分析

竞品分析是比较常用的客户需求挖掘方法之一，对任何一个企业和品牌方来说，关注竞品的动向是日常工作中最基础的一项。因为竞品的生产和销售也经过了大量的调研、探索和思考，最终成熟之后才上线。而很好地利用竞品分析，可以让企业和品牌方知道自己产品的不足之处在哪里，如何才能取其精华去其糟粕，进而更好地满足用户的需求。

五、运营分析

所谓的运营分析就是企业能够将企业运营所产生的数据进行全面的统计和分析。因为，数据是衡量产品功能的一个工具，通过运营数据，比如产品的用户数、访问量、使用频率、转化率、用户使用时长、页面访问路径、页面热点图数据、使用时间段、事件跟踪数据、用户流失率、点击率、留存率、活跃度等方面的数据，可以更好地优化产品的生产。

六、关键词搜索

可以在一些社交平台和搜索引擎中进行相关的关键词搜索，了解与关键词相关的资料，从而更好地优化产品，提升产品的质量。常用的关键词搜索社交平台包括脉脉、知乎、微博、百度贴吧、微信等。常用的搜索引擎包括百度、Bing 等，此外还有百度指数、谷歌指数、阿里指数、爱奇艺指数等。

七、用户反馈

用户反馈是企业和品牌方挖掘客户需求的基本方法。企业和品牌方的产品上市销售之后，自然会有很多客户进行评论、反馈，而这些数据和信息至关重要。企业和品牌方可以通过用户反馈后台、各大应用市场、微信公众号、微博、贴吧、客服等渠道去积极收集和查阅用户的反馈，无论是正面的还是负面的，都要认真对待，详细分析每一条反馈之后的动机、原因，进而提炼出有价值的信息，更好地优化产品和生产。

八、头脑风暴

头脑风暴法运用的目的是产生更好的产品创意、策划方案和满足客户需求的设想。在企业和品牌方内部，可以有目的地组织一部分人，包括企业内部的产品部、运营部、市场部、商务部、客服部、技术部、领导层、业务经验丰富的员工等参与，也可以邀请一些社会上的人士，所有人围绕一个产品的痛点、话题去讨论，寻求一些新的解决方案、灵感或思路。参加头脑风暴的人越多，这些人的背景资料越丰富，提出的有利于产品优化的观点和想法就会越多。

九、行业研究报告

在行业研究报告中蕴含着大量有价值的信息，企业和品牌方可以在易观、艾瑞、艾媒网、比达网、企鹅智库、中国知网、百度学术、谷歌学术、各省图书馆官网等网站下载或阅读相关行业研究报告，这些数据一般情况下都比较权威，可以作为产品研发、营销和销售的依据，经过认真的研究分析之后，从中提炼出一些核心、有价值的产品需求，为产品的下一步迭代提供相关的思路和方向。

在运用数据进行用户需求挖掘的时候，有些企业和品牌方的营销人员经常会陷入一些误区当中，笔者把这些误区进行总结归纳之后提供给大家，希望能够引起注意。

第一，把自己当作用户。

很多企业和品牌方的运营人员，从来不能站在客户的角度进行设身处地的换位思考，很多时候都是"屁股决定脑袋"。这就是人的直觉思维，而不是客户思维。任何营销方案、计划、产品优化策略等都只能从自己的思维出发进行考虑，而不会设身处地为客户考虑。如不自然地把自己当作了用户，把自己的需求当成了客户的需求。但事实上，企业和品牌方的任何一个人都不可能代替客户，不能决定和猜测客户的喜好。最好的克服方法就是设计相关的工作流程和方案，规避掉人性的缺陷。与此同时，还需要在营销的过程中不断提醒自己，强迫自己能够站在用户的角度思考问题。

第二，把自己的家人当作用户。

很多人做用户需求挖掘都是从自己的身边人开始着手的。比如一个生产儿童用品的企业负责人，第一个想到的用户体验就是自己的孩子，把自己家孩子的需求当作用户的需求，进而进行相关的生产和销售；如果是做女性护肤用品的企业负责人，也会不自觉地把自己的老婆当作客户来研究和分析；而做营养保健品方面的企业负责人，也会把自己的父母当作客户来对待，希望得到他们的反馈，作为生产和研发的依据。这些人虽然也是客户，但是并不能代表所有的客户，不是典型代表。认认真真地去做用户需求，洞察才是正道。

第三，在办公室决定用户需求。

很多企业和品牌方对用户需求都是在办公室里想出来的，他们擅长闭门造车，理所当然地认为客户就有这样的需求，然后一拍脑袋就决定了。对于为什么不去认真地发掘用户需求，他们总是有各种各样的理由。但想象出来的东西，终究是经受不住市场的考验的。还有的企业和品牌方，把老板的需求当作了用户的需求。老板说什么，就坚决照做。效果好，说老板英明；效果不好，老板来背锅。把用户需求的挖掘硬是演变成了办公室的马屁文化。虽然有的老板有特别强的商业敏感度，但是也要通过实践来证实，并不是老板说出来的就是真理。对于产品研发细节、产品方向和客户反馈，老板不可能都掌握，还需要公司上下相关人员都能够参与到主动的客户需求挖掘中去，才能真正找到用户的需求是什么。

第四，把导购员需求当作用户需求。

依赖渠道的企业，常常会走访经销商、零售商、导购员，借此收集市场反馈和用户需求。但是他们是卖货的，不是用户。更重要的是，他们接触用户再多也只是购买过程的接触，也就是在使用前的接触，他们怎么可能知道用户是怎么使用我们的产品的？偶然遇到找上门的，那也是极少的用户，根本不能代表大多数用户。更有甚者，他们提出的需求根本就是怎么才能让他们更好地卖货，而不是用户更好地使用。

第五，把客户需求当作用户需求。

很多企业和品牌方把自己的客户当作自己的上帝，但事实上进行客户需求挖掘的时候，并不只是在这些客户群体中进行挖掘，还有很多的潜在客户、粉丝等。所以，我们要做的是注意客户的裂变，通过现有客户去找用户，一字之差，却是天壤之别。这样才能把产品的口碑做出来。

第六，把市场调研报告当用户需求。

市场调研是一个挖掘用户需求的好渠道和好方法，但很多企业和品牌方把这项工作交给了一些第三方机构，而第三方机构为了完成任务，可能只会找一小部分的用户，搞几场焦点小组讨论，获得一个"收获颇丰"的调研报告用于交差，这样的市场调研一点也不靠谱。用户需求是产品研发的依据和重点，这件事情最好不要代劳。自己做都不可能准确寻找到用户的需求，更别说第三方机构。只有日复一日、持续不断地挖掘用户需求，才能不断刷新对用户的认知，让企业和品牌方的产品离用户越来越近。

第七，把用户投诉当需求。

很多公司会设立投诉电话，用于联系客户，甚至会组建相关的客户团队来负责收集用户的投诉。然后客服部门会定期收集这些用户投诉反馈给营销和运营团队。很多企业的营销和运营团队会把这些客户投诉当作用户的需求，但是却忽略了这些投诉很可能大多都是集中在产品的质量问题上的，相当一部分投诉都是品质的问题。基于这些数据，是不可能优化出一个更加优秀的产品的，只能进行相对的改进。而且这些投诉只重视结果，而不重视过程，也就是产品的使用场景。比如一款家电投入市场之后，出现了开不了机、总是重启、经常断电等故障，反馈给客服之后，客服大多只会登记结果，而不会对使用场景进行跟踪，比如是不是雷雨天使用了，家里的电压是不是不稳定等。这样会给运营和营销人员造成非常严重的认识偏差。

第八，把用户差评当作用户需求。

用户差评的出现有很多种因素，并不是每个人都会去写，而是一些体验特别不好的客户忍不住去吐槽。而且有些客户之所以给出差评，只是为了吸引企业和品牌方的注意，获得一些代金券、折扣的补偿，而不是发自内心地对产品进行评价。所以，用户差评并不是真正的用户需求，只有真正地走进用户内心，和他们成为朋友，他们才会把自己真实的需求告诉你，企业和品牌方才有机会挖掘出真实的用户需求。除此之外，没有什么特别的捷径。

沃尔玛"啤酒与尿布"故事背后的秘密

在商业领域,数据是一个潜力巨大的宝库,而在世界范围内最知名的案例就是沃尔玛超市的"啤酒+尿布"案例。这个案例发生在20世纪90年代,一直被人们所津津乐道。

沃尔玛超市的相关运营人员在对超市的运营数据进行分析时发现了一个特别奇怪的现象,这个现象经常发生。在某些特定的情况下,在一些消费者的购物车中,经常能够看到啤酒和尿布放在一起结账。虽然这是一个不起眼的现象,但却引起了沃尔玛超市运营人员的注意。两个表面上看起来一点也不相干的商品,居然能够经常组合在一起,这其中有什么样的秘密呢?于是,沃尔玛超市的运营人员针对这一现象进行了深入的分析与研究,最后他们发现,这种现象居然大多数时候都是出现在一些年轻的父亲身上。

这是因为,在美国只要家里有孩子,大多数都是母亲在家看孩子,而年轻的父亲负责去超市采买。而这些年轻的父亲在采买时,除了给孩子买必需的尿布，当然也会犒劳自己一下，啤酒是绝对要购买的。于是，就会出现啤酒与尿布放在一起结账的现象。如果在一家超市，这些年轻的父亲可以买到这两样必需的商品，那么他们才懒得再去另一家超市采买。他们非常希望啤酒与尿布能够同时出现在一家超市里，这样他们可以节约好多时间和精力。但是如果超市不能满足他们的需求，给自己在超市买了啤酒之后，还要再跑去母婴店给孩子买尿布；或者给孩子在母婴店买了尿布之后，再跑去超市买自己想喝的啤酒，这样对他们无疑是一种不小的折磨。

沃尔玛超市发现了这种情况之后，开始在自己的超市中将啤酒和尿布放在同一个购物区内，方便这些年轻的父亲一次性采买齐全。后期，沃尔玛超市又将这一销售策略进行了拓展，他们将年轻父亲们可能喜欢的商品与孩子们必需的商品品类进行了丰富，如果一次性购买两件，或者两件以上，还可以获得折扣和优惠，从而非常轻松就找准了一个提升销售收入的好切入点，这就是啤酒与尿布数据应用案例的由来。

当然，沃尔玛超市的运营人做出这些判断和策略的依据正是数据，他们有这方面的技术支持。他们运用的是 1993 年美国学者 Agrawal 提出的通过分析购物篮中的商品集合，从而找出商品之间关联关系的关联算法，然后根据商品之间的属性关系，总结出客户的购买行为。这套算法在商业运用中，获得了巨大的成功。

事实上，沃尔玛在没有运用 Agrawal 提出的关联算法之前，他们的数据分析经验来自传统的零售企业。对于数据沃尔玛一直非常关注，他们拥有世界上最大的数据仓库系统，会定期对这些数据进行分析、复盘和研究，这让沃尔玛非常受益，也使其成为最了解消费行业的商家之一。随着数据技术的不断进步，为了更好地利用数据为消费者服务，尽可能地满足他们的需求和行为，沃尔玛建立了一个特别大的数据中心，有着非常强大的存储能力。美国一家非常知名的杂志曾在报道中评价沃尔玛的数据量非常惊人，已经超出美国国会图书馆近百倍。而沃尔玛能够做到这一点，并不是一朝一夕的事情，他们经过了长时间的积累与沉淀。在计算机还没有开始普及的年代，沃尔玛就开始用计算机来进行存货和销售的登记。而随着沃尔玛超市的不断拓展，它的每一家分店都在运用计算机来进行库存和销售管理。后期，沃尔玛的所有门店又采用了条形码扫描系统，在公司内部安装了卫星系统，总部与各个分店之间可以随时随地进行库存、销售等方面的查询和交互。

沃尔玛超市正是利用数据的力量，完成信息技术收集和消费者行为数据这两项工作的，他们的行为在所处的时期都秉持小众而超前的经营理念，正是这些数据为其后期的爆发打下了坚实的基础。现如今，全球数千家连锁店在65周内的每一笔销售详细记录都存储在沃尔玛总部的数据仓库中，这个号称全世界最大的数据库，可以让沃尔玛超市的运营者们更加了解自己的消费者，与他们走得更近。

随着数据技术的普及，当前很多行业都开展了数据分析工作，从而增强自己的市场竞争力，这些行业有谷歌、宝洁、政府机关等，他们都因为数据的支持，在自己的行业中成为佼佼者。比如谷歌通过分析近亿条美国人最频繁检索的词汇，建立了一个特定的数学模型，最终成功预测了2009年冬季流感的传播，甚至精准和具体到特定的地区和州。奥巴马连任成功的胜利果实也得益于数据的分析，因为他的竞选团队在竞选过程中，启动了大规模的数据分析与挖掘，宣告了在政治领域，数据的时代已经到来。

苹果公司的传奇总裁乔布斯身患癌症，为了治疗自己的癌症，他采用了很多种方法，其中当然有数据的运用。为此他花费了几十万美元，成为世界上第一个对自身所有 DNA 和肿瘤 DNA 进行排序的人。他曾经对别人开玩笑说，他有可能是第一个通过数据战胜癌症的人。虽然最终他的愿望没有得到很好的实现，但事实上专家和医生认为，正是这种数据分析的方法，让乔布斯的生命延长了好多年，这已经非常厉害了。

银行围绕客户的"人生大事"进行交叉营销

随着互联网技术的不断发展和进步，数据的收集、挖掘和分析广泛应用起来，因为人们发现，在现有的数据应用基础上，这种新的数据处理模式更有洞察力、决策力，能够更好地优化流程。这一点在金融行业体现得非常明显。因为对于金融行业来说，对风险的控制始终是重中之重。他们利用数据可以对客户过往的整体信用情况进行细致的观察，对风险产生预判和评估。而且对与客户相关的数据在准确性、处理能力、多样性上不断挖掘、分析，可以产生不可估量的价值。

某银行通过对客户的日常交易数据进行分析，对客户的各种"人生大事"的节点进行分析和预判，进而展开针对性的交叉营销。对于很多人来说，人生中总有那么几个重要的时刻需要动用自己的积蓄和存款，甚至为此要借贷。比如结婚、孩子出生、父母生病、买房买车等，在这些人人都会遇到的人生大事中，潜在着大量的用户金融需求。这家银行通过对银行卡交易的相关数据进行详细分析，可以很快识别这位客户正处于人生的哪个阶段。比如客户刚谈了女朋友，那么马上就会面临结婚和生孩子的问题；客户刚刚参加工作，那么马上就会有买车的需求；客户刚当了妈妈，那么养育孩子需要一大笔开销和费用；客户生病住院了，如果病情严重马上就会需要一笔不小的医疗费用的支出等。针对这些信息，这个银行会针对性地提出营销方案，精准地向这些客户推送过去。比如对于马上要结婚和生孩子的客户，会推出一些相关的存款理财项目；对于有买车需求的客户，会推送一些关于买车的优惠贷款项目；对于养育孩子的妈妈，会推出一些关于育儿方面的理财产品等。因为通过数据分析，对客户的需求把握得非常精准，所以这些项目都获得了客户的积极响应，从而大幅提高了该银行交叉销售的成功率。

案例告诉我们，金融行业对于数据的运用已经非常重视。国内某银行与百度签署战略合作协议，双方将在支付、大数据、营销、互联网产品等领域开展跨界合作，以便更好地挖掘客户的潜在需求。之前，这家银行已经与百度旗下的其他互联网支付公司百付宝开展了合作，此次双方将进一步相互开放优势资源，在互联网金融服务、大数据业务、地图产品等领域全面开展深度合作。他们认为，大数据是银行重要的战略资源和发展引擎，也是金融业的主要发展方向，银行要想在竞争中不败下阵来，应主动走出去，科学地选择跨界合作对象，积极寻求外部数据支持，进一步丰富数据维度。他们看重的是百度搜索手中掌握的大量的数据资源，他们以搜索见长，掌握着客户的搜索数据，利用大数据分析技术，极易转化为潜在客户需求。

第五章
量化营销：用数据打开营销"脑洞"

毫无疑问，数据正渗透到我们生活的方方面面，特别是在生产、经营、流通等各个领域大放异彩。其中，数据分析在各个领域的应用，是数据技术中最为亮眼的一项，在数据分析技术日新月异的今天，企业和品牌方的营销策略越来越科学和精准。

传统营销策略存在的问题

互联网时代，很多企业和品牌方都有了营销无力的感觉。比如，看到别的企业建立了自己的公司网站，自己也去建立一个网站。但是建了网站却不会运用，只是为了跟风，根本看不到网站背后数据的营销价值和潜力，更不会对这些数据进行运营和管理，让其成为促进企业营销的利器，只是为了面子和形象。在这种情况下，企业如果想在数据的基础上与对手展开激烈的竞争，在未来拥有更持续和强大的生命力，必须要解决营销中存在的不足与问题，转变自己的观念，进一步提高自己的营销能力。

王先生是从事教育培训行业的，但是他最近感觉同行以及医疗和金融方面的朋友都在抱怨，现在的营销太难了，做推广吧，成本越来越高，效果也越来越差。其中生意不好的，都愁得晚上睡不着觉，开始心灰意懒，感觉自己要败下阵来了。王先生虽然也面临着同样的困境，但他非常冷静，他认真分析了自己的营销模式，发现其中确实存在很多的障碍和困难,在经济成本特别高的时代,如果这些问题得不到解决,那么今后势必面临关门大吉的局面。这些问题就出在营销上。王先生总结之后,发现对于传统行业来说,主要有以下六个方面的问题:一是过去火爆的电话营销失灵了,没有人再接听和关注,因为电信诈骗的案件越来越多,导致用户一看到这些营销类的电话就反感,有的是删除,有的是拒听,根本不会去看,大家都怕上当受骗,谈不上什么营销效果。二是传统的客户、销售和库存数据管理方式太落后,有的还是手工记录,非常原始,且容易丢失,根本发挥不出营销的作用。这样会让这些企业的客户大规模流失,影响到销售的业绩。三是传统的宣传和推广模式已经没用,不是成本高,就是没有什么关注度,比如传单、广告牌、大屏幕等,形式很局限,也没有营销效果。四是短信营销也没有什么价值了,甚至现在很多客户都不看短信,有用没用都不看,直接删除。因为人们已经有了更方便快捷的沟通工具,短信只是用来接收验证码的。五是很多企业没有建立客户管理系统,与新老客户没有持续有效的沟通,信息的触达率很低,以致客户资源利用不起来,造成了很大的浪费。六是企业的营销人才非常缺乏,这些人不具有数据思维,还是传统营销思维的模式,工作起来也没有效率和成效。这些企业想转型数据营销,但是没有专业的人才。

洞悉了这些问题之后,王先生的教育机构采用了一套数据管理和控制系统,很好地解决了这六个问题,营销局面发生了天翻地覆的变化。据王先生介绍,这套数据管理系统可以将客户的相关数据导入系统中,然后建立相关的营销数据库,通过后台控制系统,可以给这些客户发送微信,或者把广告和商品信息以朋友圈的形式让客户知晓,方便用户及时了解到他的教育机构的运营情况。比如一些活动和促销，一些资讯动态等。这样做，一来极大地方便了用户了解企业的信息，二来极大地提高了用户的信任度。而且这套数据管理系统还可以进行集中对话，可以通过电脑端直接和各个微信好友实时对话，在增强与客户联系的同时，也能挖掘新用户。这种有条理的客户数据资源管理，大大提高了王先生教育机构的销售份额。

案例中的王先生完成了从传统营销模式到数据营销模式的转变，是因为他对传统营销策略中的问题进行了明确，然后有针对性地加以解决。但是对于其他的传统行业，在数据营销方面还存在一些共性的问题，主要有以下三点，还要加以重视。

一、营销沟通太单向，没有精准度

营销沟通太单向指的是企业在自己的营销过程中，往往只注重通过一些常用的沟通工具和客户进行沟通，而且都是自己的"单相思"。比如推送信息还是依靠电子邮件、QQ、短信和微信等，没有主动去收集客户需求、意见和反馈的相关技术和意识。在这种情况下，很多企业根本没有办法了解自己的客户，不知道他们对自己的产品有什么具体的意见。即便有的企业收集到了一些数据，但是没有进行科学的分析与研究，自然也无法对自己的产品和营销策略进行优化和改进，不能将合适的营销产品或者活动用合适的方法和合适的形式推送给自己的客户群体，营销效果自然好不到哪儿去。

二、营销决策太主观,没有科学性

在传统营销模式中,很多决策者做出相关的营销决策时,都是根据自己的经验、预感和直觉来进行决策,使得营销决策具有很大的风险性,因为太过于主观和盲目,无疑是一种冒险。比如有的企业制定产品营销策略,因为看不到这个产品的历史销售数据,往往只是凭运营和管理经验进行策划。实际上,此时的产品背景、消费群体、竞争对手等元素与过去的相比,已经发生了变化,因为这些元素是不可确定的,如果再依照过去的方式做营销,自然不会取得好的效果。

三、营销分析太薄弱,没有针对性

在利用数据实施营销的过程中,很多企业没有数据技术和分析的意识,无法针对客户的真实需求有针对性地推送信息。比如有的企业认为数据营销就是向更多客户推送自己的营销信息,越多越好,而不考虑这些客户是不是自己的客户,适用不适用自己的产品等,造成了对企业资源的浪费,还给客户造成了干扰,极大地影响了企业的口碑。

用数据来决策

很多人对于数据决策这件事,始终不理解。他们不明白数据如何可以进行决策。事实上,如果基于数据分析和研究,可以对某个问题认识得更加深入和全面,在决策时能够获得更多的参考性意见,可以让决策更加正确和精准,这就是数据为我们出谋划策的作用。

N公司经营着一个饮品品牌,他们的业务人员经常去商城和超市的现场,拍摄自己的产品在卖场的摆放照片,对于如何摆放、位置有什么变化、要摆到什么高度等都要拍摄下来。每个业务员都要每天跑20个这样的商城和超市,在下班之前给公司交100多张产品照片。这家公司的业务员,每个人的手机都会因为这项业务每天产生十多兆的内存,对一个业务员来说可能没有多少,但是从N公司全国10000个业务员交回来的数据来看,那就是一个非常庞大的数据库,每天达到了100G的内存,每个月就是3TB,这已然成为一个极为庞大的数字。

第五章　量化营销：用数据打开营销"脑洞"

有了这么庞大的数据，再结合不同营销网站的产品销售情况，企业在面对很多营销决策问题时，就有了自己的答案。比如"饮品摆放到什么高度才能促进销售呢？""顾客最多一次购买量能有多少？""天气的变化会不会对产品的销售产生影响？""购买这些饮品的都是什么样的消费者？""竞争对手的新品上市有没有影响饮品的销量？"等，进而做到游刃有余。

我们知道，如果想看浩瀚的星空，那就用望远镜；如果想看细微的世界，那就用显微镜。基于这些工具，我们既能够观察宇宙的宏大，又能感知细致入微的个体生命的微小，实现人类很多个世纪都做不到的事情。同样地，在数据高速发展的今天，数据同样可以帮助我们看清楚复杂的商业规律，判断未来商业趋势的走向，又能帮助我们寻找细微的商机，从而能够在竞争中很好地把握商机，在商机中谋求突破与发展。所以，在很多企业中，让数据为企业做决策的情形有很多，包括利用数据进行营销决策、提高企业的营销竞争力等。数据让很多过去难以做决定的问题，很快就能够得出可靠的答案。

在 2008 年的时候，受国际金融危机的影响，我国的服装行业迎来了非常严酷的寒冬，很多服装企业库存积压，陷入经营危机当中，服装公司 A 也不例外。在这样的市场局面下，很多服装企业为了减少库存，纷纷打折、降价，进行促销。但是这样的方法对于企业库存来说，效果并不明显，还是无法从根本上解决库存的问题。于是，很多企业积极针对库存问题进行探索，而服装公司 A 就借用了数据的技术，有效解决了这个问题。主要做法如下。

A 公司的服装产品线相比于其他的公司要丰富很多。在过去的传统营销模式中，A 公司的经销商面对各种各样的产品，一般情况下都是按照自己的眼光、审美和喜好采购，这在一定程度上有些冒险和看运气的成分，让这种采购行为非常盲目。现在服装公司 A 通过数据，帮助经销商来采购产品，从源头上杜绝了库存的产生，让他们更好、更精准地采购。

首先，A 公司发现一二线城市的消费者更加关注服装的时尚性，他们更愿意引领潮流，在这些城市可以建议经销商采购一些采用前沿时尚理念的产品，关键看产品有没有采用一些新的样式、布料和时尚元素；而在三四线城市，消费者对服装的功能和质量更加关注。比如服装是不是纯棉的质地，穿起来是否舒服，有没有不透气等。基于此，A 公司会建议经营商采购这种类型的服装。这一举措，很好地避免了经销商凭感觉订购产品的盲目性，增强了服装面向市场的针对性。

其次，A 公司会对各地经销商的销售数据进行分析，从而给予他们更加精准的营销策略和建议。比如对于某个地域的经销商，A 公司在他们的销售数据中发现，新款风衣比往常的旧款风衣要卖得多，当地的消费者买浅色的非常多，而且喜欢大口袋的样式。得到这些分析结果之后，A 公司就会把这些数据反馈给这个地域的分销商，从而让经销商在采购的时候，更加精准和理性地采购。

通过对数据的挖掘，A 公司破解了服装行业的库存积累问题，也帮助更多的服装企业走出了困境，能够更好地做到生产和销售对路，避免了库存的产生。在这个过程中,服装公司在帮助经销商解决库存压力的同时,也收到了经销商大量的订单,双方从中实现了共赢。而这些数据分析,又会帮助服装公司更好地优化产品结构和营销策略。

  美国互联网数据中心指出:互联网上的数据平均每年增长50%,每两年便可以翻一番。事实上,这些庞大的数据,并不是单纯指人们在互联网上发布的那些信息,而是包含全世界各行各业的数码传感器的信息,因此整个世界每天产生的数据量是极为庞大的。所以,我们可以获得大量的数据,能够为企业进行市场营销"决策",从而推动企业更好地经营和发展。所以,毫不夸张地说,当今各行各业都对数据充满向往,都希望自己能够抓住这一先机,根据数据来说话,依据数据来决策,进而在新一轮的竞争中胜出。数据挖掘、数据分析、数据运用等技术正在成为企业营销关注的焦点,在企业运营中扮演着重要的角色。

数据对传统营销策略的促进

现如今,很多传统企业通过数据促进和优化自己的营销策略,可以节约30%~50%的推广成本。因此,数据已经成为很多传统企业促进日常营销推广的最佳手段。

据相关统计,目前国内通过数据促进营销策略的行业主要有以下三类。一是教育行业。很多教育行业的学历提升、教育培训、职业教育等工作内容,都是通过数据建模收集到相关客户的数据资源。比如某教育网站,通过实时访客数据、400客服电话、评论和点赞等信息,在收集和梳理分析之后,为教育网站运营和决策提供参考。二是装修行业。很多装修公司,在开展二手房装修、普通家装、别墅装修和商业门面装修的进修,也会利用数据建模去收集相关的数据,分析市场行情、行业动态、消费者喜好等。三是房地产行业,一些经营二手房、新房、商业地产和旅游业业务的公司,也会利用数据建模去收集相关的数据,然后再针对数据分析结果得出运营依据。此外，还有汽车、金融、企业服务、工商财税、律师等行业都通过数据建模，获取精准意向客户群体信息。

由此可见，数据促进传统营销策略的优势非常明显。主要表现在以下三个方面。

一、数据促进传统营销广告传播的精准性

在传统的营销模式中，企业和品牌方采取的都是广撒网的战略，非常粗放，还会造成很大的资源浪费，有点像瞎子摸象，不会给企业和品牌方带来十分明显的经济收益。然而通过数据可以加强传统营销广告传播的精准性。一是可以根据客户的实际情况推送广告。比如消费者在公司的电脑上想买一个很私密的个人用品，但是企业和品牌方在看到客户浏览信息后，大量推送相关的产品广告，导致客户的购买行为和隐私被自己的同事和领导知道，这种情景会非常尴尬，让消费者的心情非常受影响，甚至对产品产生不好的印象，再也不会考虑购买。由此可见，企业和品牌方要有效识别客户所处的场景，只有通过数据技术，全面了解之后，才能在合适的时间和地点提供客户满意的广告。二是增强消费者广告选择的自主性。在传统的网络营销中，企业和品牌方通常会采取弹窗广告、插播广告和漂浮广告等形式来强行吸引客户的注意力，这种行为让客户都很反感。有些客户甚至会购买相关的软件专门用于屏蔽这些广告。而通过数据来推送广告，能够知道客户需要什么、关注什么、喜欢什么，对于这样的广告客户才不会反感。

二、数据促进传统营销市场定位的精准性

在传统的营销模式中,企业和品牌方虽然有自己的用户群体和粉丝群体,但是向他们推送了大量的营销活动和营销信息后,却并不能得到令人满意的营销结果。探寻原因,就是因为企业和品牌方对自己产品的市场定位没有搞清楚。而通过数据技术,可以实时分析客户数据,建立产品市场定位。首先,在运营过程中收集海量基础数据,建立客户数据库。这项工作要特别注意的是,要通过微信、留言、官网、网站等渠道,多方位收集信息,保证收集到的客户数据是全面的。其次,再利用数据挖掘技术,针对这些数据进行分析之后,得出客户的年龄、工作情况、消费行为和兴趣爱好等有价值的信息,确定自己的精准客户群体。最后,把营销活动、营销产品与客户属性进行匹配,然后实现营销市场的定位,最终取得令人满意的营销效果。

三、提高传统营销个性化服务的程度

除了通过数据了解客户的个性之外,还要能够提供有针对性的服务,让企业在同质化的竞争中脱颖而出,立于不败之地。要做到这一点,需要进行以下两个步骤。一是通过数据了解和掌握客户有哪些个性化的需求。随着互联网的普及,企业和品牌方可以通过多方面的渠道收集客户的信息。需要注意的是,企业在这个收集的过程中,要注意收集到的信息是否真实可靠,否则就会让此项工作失去基本的意义和作用。二是设计合理的个性化服务。知道和了解客户的个性化需求之后,可以有针对性地提供企业和品牌方个性化的服务。虽然不可能每一个客户的个性化需求都能够满足,但是可以把客户进行标签分类之后,再针对一个群体的个性化需求进行服务,这样可以有效降低企业个性化服务的成本。当然,尽量选择一些既可以很好地满足客户的个性化需求,又不会给企业带来太多经济负担的方式进行个性化服务。

数据优化营销策略的渠道

企业运营有了数据的参与，营销策略可以从很多渠道进行优化，帮助企业能够获取海量的数据，随时分析、洞察和预测消费者的偏好，深刻了解客户的需求，关注客户行为，进而高效分析信息并做出预测，不断调整产品的功用方向，验证产品的商业价值，最终制定科学的价格策略，在市场上站稳脚跟。

某咖啡零售商针对竞争激烈的市场，就如何满足消费者的显性需求、挖掘消费者的潜在需求、引导消费者的需求动向进行了思考和研究。他们把目光集中在三个问题之上，分别是：谁是咖啡零售的终端消费者？咖啡零售的门店应该卖什么样的产品？消费者最喜欢的咖啡零售产品是什么？

为了解答这三个问题，咖啡零售商进行了深入的研究，他们认为咖啡对某些群体来说是刚需，通过数据分析各个咖啡卖场的销售数据，包括消费场景、产品喜好、客单价、消费时段等，再结合周边环境特征，最终发现配置合适的产品是关键所在。可以让不同的咖啡匹配到不同的卖场、不同的人群和消费者，实现精准销售。

所以，这个咖啡零售商在后期的营销中，把这种数据分析模式当作标准模式进行应用，就是把消费者、店铺和咖啡三者的数据进行同步和配套，这样有助于咖啡的销售。因为通过同步和配套，店铺可以针对消费者的需求，制订精准的销售计划和策略，让消费者能够喝到自己喜欢的咖啡。整个过程都是数据来驱动营销后端的采购、物流、仓储、人员配置等。

比如在进行店铺分析时，要通过数据考虑新店、关店、装修和正常等店铺营业状态，从而验证各店铺选址是否合理。此外还要关注产品的静态属性和动态属性。前者包括咖啡的口味、加不加冰、产品的包装和规格；后者包括天气因素、环境因素和社会动态等因素。而针对消费者制作画像时，要通过数据分析手段，对店铺的流量、转化和复购率进行分析，然后通过数据法模型，根据咖啡库存，实现系统自动匹配合理补货策略和补货计划，从而让咖啡卖得更好。这能够保证货源，不会产生缺货的情况，而且也会让一些不好卖的咖啡尽早更新。

通过数据分析，咖啡卖得更好，货源更加充足，坚决杜绝缺货，同时让滞销品尽快更新换代，最终这个咖啡商实现了非常好的销售业绩。由此可见，数据给该咖啡零售商带来了营收上升和成本下降的巨大经济效益。

在传统营销策略中，往往都是产品以同一个模式卖给消费者，同样包装、同样数量、同样形式，产品不能深入消费者的内心，渐渐也失去了自己的市场竞争力，让消费者产生不了兴趣，更别说个性化的需求了。而数据技术的发展，通过数据相关的分析，可以把消费者和产品进行捆绑和同步，根据用户的喜好和偏爱，进行个性化的定位，然后再研发与消费者的个性相匹配的产品。通过案例我们知道，对于传统营销策略来说，没有目标消费者的精准定位，盲目推广，是营销推广没有效果或者效果甚微的主要原因。而数据最大的特点就是可以实时、全面地收集和分析消费者的相关信息数据，从而根据其不同的偏好、兴趣以及购买习惯等特征有针对性、准确地向他们营销。同时，还可以通过适时、动态地丰富消费者的数据信息，利用数据挖掘等技术及早预测消费者下一步或更深层次的需求，进而加大推广力度，最终让企业受益。

由此可见，数据优化营销策略的渠道主要体现在以下两点：一是充分挖掘营销渠道的效能。过去的企业和品牌方的市场营销渠道都是代理商制度。企业与之是一种利益共存的关系，但也经常会产生各种各样的矛盾和冲突。但在数据背景下，企业与代理商成为合作的关系，可以从各个渠道通过数据来及时协调，增强消费者对产品品牌、服务的良好体验，建立起数据营销系统平台，集中体现数据、物联网、云计算、移动电子商务的优势，进而引发顾客更加强烈的购买欲，促进客户与企业品牌的亲和度更加紧密，提升企业的利润空间。二是帮助制定科学的价格体系。很多企业和品牌方都构建了若干数据营销平台，实现了海量、不同类型的数据收集，甚至还可以跨越多种不同的系统。比如，网络销售以及实体批发、零售等不同渠道的平台，得到更加全面、更加细分的数据信息，从而帮助企业制定更加科学的价格体系，进而增强产品的市场竞争力。比如在上一个案例中，某咖啡零售商通过数据预测，制定了合理的价格，给咖啡的销售带来了非常可观的效益提升。

沃尔玛的"顾问式营销"

销售对于企业来说,是一份把产品变成钱的工作。在传统的营销模式中,因为物质匮乏,经常出现供不应求的现象。在那种年代,即使不存在销售,产品也会有可观的销售业绩。但是随着社会的不断发展,物质极大地丰富,产品销售自然也面临着激烈的竞争,这个时候就需要销售发挥作用了。通常情况下,销售可分为主动推销和顾问式销售两种。主动推销就是把产品积极主动地向客户推荐,详细介绍产品的功用、特点,进而来吸引用户的眼球。如果客户对这个产品有刚性的需求,正在寻找这款产品,那么就有可能成交。而顾问式营销则与主动销售有着很大的不同,它是根据客户的实际需求进行引导和分析,将客户的隐性需求变成显性需求,最终用产品成效进行解决的,完全是围绕客户自身而开展的。

沃尔玛超市有一个非常有特点的原则,那就是"三米微笑"原则。顾名思义,沃尔玛超市要求自己的员工遇到顾客时要在3米范围内,温和地看着顾客并和他打招呼，同时询问顾客有没有需要自己帮助的地方。而且在微笑时，要露出八颗牙齿，让顾客能够感受到真诚与亲切。而之所以制定这个原则，是因为沃尔玛管理人员通过数据调查得出，90%的客户都喜欢爱笑的员工和导购员，这会让他们感到非常放松，而且非常愿意和这样的员工进行攀谈和搭讪。所以，沃尔玛聘用的员工，大多都是非常爱笑的员工。与此同时，沃尔玛还定期根据顾客的反馈、调查数据等信息，按照顾客期望而及时更新商品的组合，改进商品陈列摆放，给消费者最大化地提供一个舒适的购物环境。而这一切，都是为了实施自己的顾问式营销计划，有喜欢的导购和环境，消费者有什么理由不买单呢？这就是沃尔玛顾问式营销之所以成功的关键所在。

事实上，沃尔玛超市的顾问式营销，就是以数据为基础，以客户为中心的销售模式，以解决客户困难为目标，进而提供产品，创造源源不断的成交。通过对这种销售模式的分析和总结，总的来说顾问式销售的思路主要体现在以下四个方面：了解、探询用户现状；激发用户对现状的改变；呈现产品特性和优势，帮助用户改变现状和带来利益；最后解决用户的购买疑虑。

一、关注客户现状

根据用户的现状，了解用户有什么痛点和不满，然后再激发用户对产品的需求。所以，沃尔玛超市的员工会事先通过数据对用户现状进行分析。一般从以下两个方面进行分析。一个方面是客户所处的宏观环境。比如马上就要过年了，孩子们进入暑假了，马上就是清明节了，天气越来越热了等，分析出客户要准备年货过年，要给孩子们安排暑假生活，要参加祭奠先人的活动，要采购防暑降温的电器和食品等，然后再进行顾问式销售。另一个方面是根据客户自身的现状分析的。比如客户三十多岁，那么通过数据分析得出，这个年龄段的女性大多由于生产、工作和家务，肯定对自己的关注度就下降了，随之而来的是减肥、护肤和健康等方面的需求增多。针对这种分析结果，然后再进行顾问式营销，利用这些现状来激发用户产生对相关产品的需求。

二、及时引导用户

在洞悉了用户的现状之后，并不是马上推荐产品，而是要激发用户对自己现状的积极改变。客户对自己的现状无非就是满意和不满意。而那些对现状不满意的客户，正是沃尔玛超市的销售人员正在寻找的目标客户，他们要做的就是将这种不满意转化成对产品的需求，让用户为了改变自己的现状付出实际的行动。而那些对自己现状很满意的用户，沃尔玛超市的营销人员也不会放过，他们会进一步探寻如何优化客户现状的方案，进而让用户能够产生一个全新的需求。

三、清晰明了推荐

针对表示要积极改变自己现状的用户，沃尔玛超市的销售人员需要及时、清晰、明了地向客户展示自己产品的功能、优势，能够给他们改变现状带来怎样的助力。他们的目标是销售产品，但会让用户认为这些营销人员是真正在帮助自己。所以，能够清晰明了地介绍产品是关键，因为每个产品都有不同的优势和功能，并不只是简单地把这些介绍给消费者就完事了，而是还要告诉消费者这些产品能够给他们带来什么好处。因为用户知道这些特性和优势,也不一定会购买产品,除非这个产品跟自己有关系,能够帮助自己改变现状。所以,沃尔玛超市的营销人员会将产品的特性和优势逐一拆解,并将这些特性和优势,以及能够给用户带来的利益和好处清晰地告诉客户。

四、消除用户困惑

但是,也有一些消费者不按套路出牌,面对沃尔玛超市营销人员的推荐和引导,以及这些产品能够给自己带来什么样的好处,他们仍然质疑。这时,沃尔玛超市的营销人员并不着急,而是认真倾听,听客户都有哪些顾虑,然后针对这些顾虑再制订针对性的化解方案,最终让用户打消疑虑,促成交易。

这四个关键环节,都是基于与客户建立长期和有效的业务关系之上的,沃尔玛超市通过数据在与客户的每一个"接触点"上都尽量接近客户、了解客户,从而最大限度地增加利润和利润占有率。

第六章
量化营销：用数据搞定个性化

　　数据企业通过数据技术可以从不同的维度对消费者进行细分，进而不断优化营销的针对性，个性化营销得以实现，更加完整、全面和有效。

个性化营销的内涵

这是一个大规模产生、分享和应用数据的信息化时代，数据正在颠覆和变革着我们的工作、生活、思维方式和行动方式，一个重大的时代转型正在开启。对企业和品牌方来说，数据不仅仅是营销技术上的升级，而是营销领域更深层次和更大规模的创新，传统营销模式多已失灵，而数据带来的风暴正在有效推进个性化营销的发展。

所谓个性化营销，就是一种围绕客户关系而开展的营销模式，其本质就是一种关系营销。当企业发展到一定的规模，以此为基础，可以将自己的客户进行多维度的细分，从而根据细分市场的实际情况和需求，借助数据的技术，有针对性地进行生产，满足这些细分市场中客户的需求。这种营销方式之所以能够快速取代传统营销模式，主要是因为具有以下三点优势。

一、卖点细分有竞争力

消费者的需求呈现多样化、精细化的特点，传统营销模式中那些大众化的营销已经无法满足他们。为了适应时代的发展，赶得上互联网的节奏，企业和品牌方的营销越来越个性化和精细化。

在美妆护肤界，消费者需求细分的变化体现得特别明显，很多先进、潮流的护肤理念都被挖掘出来了。消费者已经不再是过去的消费者，对于护肤产品的需求不再只是美白、保湿、补水这些泛泛的需求，对美妆品功能细分的探索，也越来越精准。比如，最近兴起了瘦脸的热潮，很多与瘦脸相关的护肤品也相继而出，打破了以往靠医美实现的美容技术瓶颈，只需要日常护理就可以获得理想中的脸形。于是，很多护肤品就抓住这股热潮，V脸面膜、线雕面膜等新产品如雨后春笋般层出不穷，用于满足消费者的这种瘦脸的需求。其中有一款泰国线雕面膜卖得特别好，此外还有某知名品牌以脸形打造为卖点的护肤品也开始走红，可以针对面部不同区域的肌肤状态提供充盈与紧致的护理方案，让该紧致的地方紧致，该嘭弹的地方嘭弹。

瘦脸的风潮还没退去，又出现了一个细分卖点，那就是"丰太阳穴"。第一财经商业数据中心发布的2020年《美妆行业月度消费趋势观察》报告显示，"丰太阳穴"这个词已经成为天猫平台面膜类产品中最有搜索热度的词，消费者非常关注。由此又一大批满足这一需求的化妆品正在热销之中。

从这个案例中可以看出，过去，企业和品牌方进行营销时，往往采用大众化的营销方法，在消费者中广撒网，覆盖千千万万的消费者，以吸引消费者进行购买。但成也大众化，败也大众化。大众化营销确实可以在某种情况下获得一定的市场份额，但是却无法帮助企业打造自己的核心竞争优势，容易陷入同质化竞争之中。只有进行个性化营销，才能有效避免这种现象的发生。比如一些电商平台经常推出"私人定制"品牌服务，或者限量版、签名版商品，利用这样的服务，来吸引消费者的眼球，进而提升营销成绩。

二、满足客户个性化需求

个性化营销是通过各种渠道收集客户需求的数据，然后进行分析和整理，把人们的关注、个性、性格和喜好总结归纳起来，并作为产品优化的参照和依据，建立客户的个人数据库和信息档案，与客户建立点到点的联系，进而为下一步提供个性化的产品奠定基础。

现如今市场上的商品各种各样，与消费者衣食住行相关的产品琳琅满目，它们各种式样，且层出不穷，常常令人眼花缭乱，不知道该选哪个。有些商品，在我们眼中看起来非常另类，但在另一些人眼中却是挚爱，这才是能够体现他们性格和特立独行的一种方式，他们要的就是与众不同。所以，很多人某天走在大街上，或去上班时，看到同事、朋友或者别人和自己穿的衣服居然一模一样，这会让他们非常尴尬，恨不得马上脱下来重新穿一件，或者这件衣服再也不会穿。这就是个性化消费时代常见的一种现象，因为消费者都具有强烈的自我心理诉求。

再如汽车行业，很多厂家在过去都是按自己的思路和想法来造汽车，然后再找一个明星来代言，很快就能够打开汽车的销路，消费者就会买单,甚至热捧。但现在这种情况却已经发生了变化,单纯靠明星的力量已经无法卖掉汽车了,这种局面成了过去式。消费者现在完全根据自己个人的喜好来选择车型,不会再去听信明星的宣传。别人眼中的"最爱""最好""最潮"已经不是他想要的,他要的是"自己最爱""自己觉得最好""自己觉得最潮",这些才是最重要的。

以上案例折射出个性化消费的现象,事实上,其已经不再只是一种经济现象,而是成为一种更深层次的文化现象。仔细观察我们周边的生活,你会发现,消费者的需求和思维意识,已经越来越趋向于多样化。

三、数据服务是技术支持

个性化营销的基础就是客户信息的数据,没有这些数据为依据,个性化营销就无法实现,二者之间是即时、双向和多样的。而且这些数据需要不断地更新、完善、分析和整理,以便随时掌握客户信息的变化,随时预测客户需求的变化,能够有针对性地展开营销,满足客户的个性化需求。对数据进行分析处理的数据挖掘技术是推动个性化营销发展的助力。数据挖掘的核心原理就是从海量数据中找到未知的、有价值的规律,然后进一步挖掘,最终发掘出符合企业发展环境的社会形态,为规划生产架构和流程,进行个性化营销决策提供支撑。

个性化营销三步走

狄更斯的《双城记》开头中有这样一句话："那是最美好的时代，那是最糟糕的时代。"这句话对消费者来说，数据时代背景下，企业和品牌的个性化营销会给自己带来很多的变化和惊喜。企业和品牌方的个性化营销能够随时随地感知你的任何活动细节，给你私人定制的服务。比如当你走进一家餐厅的时候，只要刷一下你的身份证或者会员卡，服务员马上就可以根据你的身体状况、饮食喜好向你推荐符合你的口味、健康的食品，你都不用点菜了。也就是说，个性化营销模式中，品牌方卖的已经不再只是产品，而是更好、更多的服务。所以越来越多的品牌会给消费者提供一些会员服务、VIP 服务，特别是消费者在生日或是店铺周年庆的节点，还可能得到他们的祝福，获得特殊的服务。这样的方式，会让消费者没有距离感，因为这份"专属服务"而对品牌产生认同感和亲切感，即使没有需求的时候也会去购买，从中获得高质量和高价值的消费体验。

第六章 量化营销：用数据搞定个性化

戴尔公司一直都是个性化营销的典范，因为戴尔公司的营销模式已经成为一个标签。因为个性化营销，自 1990 年以来，戴尔股票增长了 870 倍，这就是个性化营销的功劳。戴尔公司的核心理念就是按照客户的意愿去生产计算机，同时直接向客户发货。比如某个工厂向戴尔公司订购计算机，通过戴尔公司的个性化营销，戴尔公司通过数据就可以知道这个工厂属于哪种需求，对计算的需求有哪些内容，马上就会提供最优的配置的计算机，很快就会送到工厂。深剖这个营销模式，就得出一个核心的结论，那就是能够为客户提供定制服务，也就是可以量体裁衣。表面上看，这样做没有什么技术含量，但在 20 世纪 70 年代，能够有这种意识的大型计算机公司非常少，而戴尔公司的长处就是，自始至终都保持了这个优势和长处，能够面向用户提供优质的专业服务。同时，戴尔公司的产品具有很高的兼容性，避免了一些代理商的垄断和盘剥，消费者可以花最少的钱，买到最有性价比的服务和计算机，而不会被中间的代理商所干扰。

在戴尔公司，他们的员工认为个性化营销是再自然不过的事情，销售人员接到顾客的求购信息之后，会电话回访，直接与消费者沟通，解答顾客的疑问，而后帮助消费者下单，在这个过程中，进一步了解顾客的需求和喜好，而这些信息都会被收集到戴尔公司的资料库中。戴尔公司有一个超级大的数据库，收集了全球 200 万个用户的信息。戴尔公司凭借这些信息，能够不断改进产品和服务。也就是说，戴尔公司的计算机是为了满足顾客的需求而定制生产的。比如可以根据顾客的要求选择不同尺寸的显示器、不同型号的微处理器，以及其他的配件。当顾客收到计算机时，已经装上 DOS、视窗等操作系统，以及文字处理、报表处理等套装软件。而且戴尔公司还承诺：保证48小时内到达服务现场，保证48小时内送到并更换机器，保证不到两个营业日交出订货等。

戴尔公司的创始人曾经说："也许我不知道如何设计或制造世界上最棒的电脑，但我却懂得如何销售。在这个'客户经济'时代，以一种创新的方式接近顾客，然后竭尽全力取悦顾客，这个理念可以成就一个戴尔，当然也可以成就一个又一个其他领域的戴尔。"这就是戴尔公司个性化营销的秘密所在。

从以上案例中，我们知道一个全新的消费格局已经形成，个性化营销慢慢俘获了消费者的心，企业和品牌方都在巧妙运用个性化营销，为自己赢得了越来越多的消费者。那么，如何进行个性化营销呢？一般情况下，主要围绕以下三个步骤进行。

一、做好战略规划

通过数据技术分析和研究的结果，我们可以预测出客户使用产品的时间、喜好和关注点等，从而进行好的战略规划，让客户的利益达到最大化。同时，还可以基于大量数据的分析，找出最受客户欢迎的营销方式，制订有针对性的营销方案，从而获得潜在客户群体的认可，同时加深已有客户的满意度，实现精准营销。甚至可以通过数据掌握客户的行为特征、生活轨迹、消费习惯、兴趣爱好等诸多信息，汇集后组成海量数据，找到这些数据的关联性，进一步分析客户的购买喜好、习惯、购买周期等信息，全方位把握客户心理和理解客户需求，最后实现个性化营销。

二、制定产品战略

数据的分析方法改变了传统营销模式的思维方式,通过总体数据汇总,对海量的信息进行处理和分析,使得营销更加量化,进而获取真正对企业营销有利的数据,然后通过数据进行营销决策。这种根据消费者的心理定制的营销方案和产品战略,能够提高消费者的满意度,从而帮助企业和品牌方打造自己的核心市场竞争力,占据更广阔的消费市场。

三、赢取目标客户

数据里有巨大的增值空间,数据的技术分析可以挖掘出数据中很多的隐藏信息,释放出更多数据的隐藏价值。而且随着一些智能化设备的出现和使用,消费者的行为、位置,甚至身体生理数据等信息,都会被记录和分析,成为一种具有商业价值的信息,为企业和品牌方的个性化营销服务,帮助他们精准找到自己的目标客户,培养出越来越多的忠诚客户,赢得更多潜在的消费群体,最终在激烈的市场竞争中站稳脚跟。

今日头条的个性化推荐模式

今日头条的个性化推荐模式主要通过以下八个方面开展。一是通过相似的文章主题来进行推荐，也就是说基于用户阅读过的文章和新闻进行推荐。这样可以更加接近用户的喜好。二是通过用户的地理位置进行推荐，比如获知用户所处的城市位置，然后推荐与之相匹配的热门信息。三是对用户看过的新闻、信息中的关键词进行推荐，因为每篇文章都有自己的关键词，可以把这些关键词进行归类，然后向用户推荐包含这些关键词的信息和新闻。四是根据今日头条站内的一些热门文章进行推荐，这种推荐是普适性的，会结合用户平时的阅读习惯，找到相关的文章，然后进行推荐。五是根据用户的社交好友的信息进行推荐，获取用户的好友关系之后，根据这些好友的阅读习惯、评论和转发情况进行推荐。六是根据用户的兴趣关键词进行推荐，通过对用户长期阅读习惯的跟踪，可以知道用户一直对哪些关键词感兴趣，根据这些关键词持续进行推荐。七是根据用户阅读习惯中的优先顺序进行推荐，也就是说在一定的时间段中，找出用户的相似性动作，然后进行阅读内容的归类与总结，进行推荐。八是根据站点分布来源的内容进行推荐，也就是说通过用户阅读的文章分布来源计算出用户喜欢的新闻来源，然后进行推荐。

除了这些今日头条系统的推荐，客户在使用今日头条的过程中，还可以有以下自主选择：一是可以根据自己的喜好订阅自己喜欢的内容；二是可以对一些自己不喜欢、反感的内容打上标签。而且还可以随时给平台提意见，比如内容较少，没有精品文章，评论质量不高，热点信息排序不精准等。平台根据这些意见，可以进一步优化自己的推荐系统，进而让用户更喜欢用今日头条看新闻。

这就是今日头条的个性化推荐模式，我们还可以进一步了解一下这类个性化推荐模式是通过什么样的流程实现的。

①今日头条后台通过代码实现爬虫功能，可以在其他传媒的网站和门户网站上抓取各种需要的信息。特别是一些纸媒的信息，是被优先抓取的。

②爬虫功能把自己想要的信息抓取到之后，会进行筛选，选择有价值、有热度的新闻和信息，然后再进行分类处理。

③接下来，把这些内容分门别类地推送到对这些内容感兴趣的用户端，而早在客户注册的时候，系统就已经把这些客户进行分类，所以这个过程会非常精准。

④用户在注册或登录今日头条之后，通过数据挖掘分析，系统会对用户做更加深入的分析，进而在后期持续推荐客户感兴趣的信息。

⑤推送完成之后，今日头条系统会根据用户的一些反馈，比如阅读的

时间、阅读后评论、阅读后点赞、阅读偏爱等信息，进一步推送信息内容。

这就是今日头条的个性化推荐模式能够获得用户喜爱的原因，主要有两点。一是今日头条能够时刻都给消费者他们真正需要的。我们都知道，现在大家的时间都非常宝贵，完全碎片化的时代，大家都希望在最少的时间里看最多的信息，所以今日头条的信息都很短小，而且以图片、短视频为主，满足了消费者快捷的需求。二是在最恰当的时机给到消费者。现如今信息泛滥，可谓汪洋大海，消费者面对的这些信息并不都是他喜欢的，而要找到自己喜欢看的信息也非常费脑子。在这种情况下，今日头条会从消费者的视角去思考，他们会为消费者主动筛选一些他们需要的信息。

与今日头条个性化推荐模式非常类似的是一个在国内非常知名的购物网站，他们在2012年引进了百分点科技的个性化推荐系统，在商城首页构建了商城推荐栏，为其客户提供个性化营销服务。在这个百分点个性化推荐系统的推荐引擎下，可以深度挖掘商城用户的行为偏好，从而打造出一个个性化推荐栏，然后向用户展示符合他们胃口的商品，让用户能够在众多的商品中迅速找到自己需要的商品，购物因此变得更加舒心和省心。而且这个个性推荐栏还可以帮助用户进行决策，提高他们购物的效率，这是电子商务精准营销的最好表现和做法。这个推荐栏是由三个模块组成的。一是精选推荐。这个推荐像今日头条一样，都是根据客户在一段时间内的浏览及喜好进行有针对性的推荐，比如最近客户一直在浏览关于鞋子的信息，那么可能客户有购买一双鞋子的消费欲望，而系统通过对客户浏览习惯的进一步分析得知，客户一直在搜索和浏览女性的鞋子、休闲款式、真皮的、板鞋，可以推断出这是一位女性消费者，喜欢休闲款式的板鞋，然后系统就会在精选推荐这个栏目里，为用户进行精准的推荐，帮助用户筛选，达到个性化营销的目的。二是猜你喜欢。在这个模块中，也是根据客户的浏览习惯进行推荐，信息量更大，给客户更多的选择。三是我的收藏。在这个模块中，用户可以把自己感兴趣的商品先收藏起来，然后每次打开时，除了自己收藏的商品，还会看到一系列的相关产品，这样可以巩固用户的兴趣度，进而有效提升用户的消费率。

由此可见，今日头条的个性化推荐模式有着强大的用户分析能力，可以将数据转化为营销力，进而给企业带来预期的收益和效果。

亚马逊上线新功能"My Mix"

现在的消费者，消费追求新奇和个性，因为他们对很多新鲜事物都非常感兴趣。所以，那些足够新颖、特别创新的产品，总是能够成功勾起消费者的欲望，进而得到消费者的青睐和喜爱，在市场上火爆起来。

亚马逊平台推出了一个新的功能，叫"My Mix"。在这个功能里，能够根据消费者的喜好、偏爱和习惯推荐他们可能需要的产品，这个功能在亚马逊商城的"有趣的发现"（Interesting Finds）页面中，其主要是通过上架一些非常有创意、有意思的产品，吸引消费者的眼光，让他们成功产生购买欲。这个页面类似于一个商店，用户不用到处浏览就会看到亚马逊推出的全球最好玩的各种产品，为他们节省了去筛选和寻找的时间。这个功能的前身是"Amazon Stream"，也就是说，亚马逊推出这个功能是经过了酝酿和试验的，经过很长时间的摸索，完全完善和成熟之后才正式推出的。亚马逊要把"My Mix"打造成人们发现新奇产品的集中地，对他们产生足够的吸引力，从而刺激消费者消费。这个功能的操作非常"傻瓜"，只要在这个页面浏览时发现了自己感兴趣或喜欢的产品，在产品的左上角点击小红心，就是喜欢，然后这个产品就会出现在消费者个人购物页面中，随时方便消费者查看。

但这个"My Mix"功能区别于亚马逊的首页的推荐功能。首页的推荐功能就是对消费者之前的购买行为、浏览行为进行记录，让消费者知道自己曾经看过哪些产品，买过哪些产品，对哪些产品感兴趣过，哪些是自己一直关注的产品，哪些是一直想买的产品等。而"My Mix"更为精准，就是消费者喜欢的产品，更加好玩。这个功能运营几个月就得到了广大用户的喜爱，刚开始的时候只是一个非常简单的网页，品类非常少，但现在已经发展到上百个品类，越来越丰富。

与此同时，这个"My Mix"功能对于亚马逊供应链上的卖家来说，同样也是一个商机。在他们眼中，如何让自己的产品更加新奇，被这个"My Mix"所选中才是产品火爆热销的关键。因为以亚马逊庞大的用户基数为前提，如果被"My Mix"选中就意味着热销。亚马逊相关的管理人员就曾发言，"My Mix"功能不会根据产品的价格、供应商、功能等元素为筛选依据，所选中的产品都来自用户浏览中的"喜欢"，这一点是唯一的依据。而这一个依据，对于所有的卖家来说都是公平公正的，他们不用再去做广告，做额外的宣传，想关键词等，只要好好研究消费者"喜欢"什么就可以，这样更利于产品的优化与质量的提升。他们开始只关心一件事情，那就是自己的产品会不会让消费者喜欢，能不能勾起消费者的购买欲望，仅此而已。

同时，有一项调查数据表明，93%的消费者都希望自己购买的东西能够展现自己的个性，和别人不一样。也就是说，消费者对于新奇的东西都是存在着好奇心的，所以只要卖家的产品足够新颖、足够有创意，能够迎合自己的喜好，那么就能够勾起消费者的消费欲望，就不怕产品没有销量。

美女同事最近在亚马逊平台上"剁手"了很多产品，包括无线六位插线板、排水器、C型单手皂液器、壁挂式塑料袋收纳盒等，这些产品非常新奇，让人大开脑洞，而且大家的好评如潮。相比同类的产品，更有创意、有趣和实用。美女同事收到货，急不可待地体验之后，也大加赞扬，确实和大家评论的都一样，看来产品好不好，值不值得被喜欢，群众的眼睛是雪亮的。后来，她经常浏览亚马逊的"My Mix"，关注有没有更加有趣的产品被推荐，如果遇到适合自己需求的，马上就下单，毫不犹豫。

我们知道，亚马逊平台的产品涉及图书、影视、音乐、软件、教育音像、游戏/娱乐、消费电子、手机/通信、家电、电脑/配件、摄影/摄像、MP3/MP4、视听/车载、日用消费品、个人护理、钟表首饰、礼品箱包、玩具、厨具、母婴产品、化妆、家居、床上用品、运动健康、食品酒水、汽车用品等，品类齐全，十分丰富，在世界范围内吸引了大量的消费者。而支撑亚马逊进行稳定运营的关键就是以客户体验为中心的运营理念。

丰富的选择，便利、低价，强大的技术能力和数据化运营，一直以来都是驱动亚马逊平台运转飞轮的三个支点，而这支点都是以客户体验为前提的，本身就是一个良性的出发点。亚马逊的经营者认为，在这个飞轮理论中，只要客户体验好，那么流量和销量自然就会上涨。有了这个结果，就会吸引更多卖家到亚马逊平台上卖自己的选品，这样会进一步优化和提升客户的体验，三个飞轮之间产生良性循环，互相促进，互相发展。

由此可见，在消费日益丰富多元的当今社会，用户的个性化需求所带来的商机是不可小看的，很多拥有亚马逊"My Mix"功能的平台如雨后春笋般涌现。虽然这些平台都有各自的优势和特点，但是它们有一个共同的特点，就是都在追求用户体验质量最大化，能够满足用户的定制化需求和喜好是他们一直在努力实现的目标，个性化定制服务已经成为必然的发展趋势。

优衣库使用数据实现"零库存"

"这款女性廓形棉大衣在元旦就已经被20万消费者加入购物车当中。"

"这件男士夹克服在平台试卖,蓝色款比红色款足足多卖出10倍还多。"

优衣库运营部门的数据分析师会花很多时间研究这些数据,然后通过数据建模,对当季流行的服装颜色、款式、面料等关键元素进行预测,进而让生产厂家、销售部门更加精准发力。在数据时代,在很多服装行业同行都面临着严峻挑战,面临关店危机的时候,优衣库却逆流而上,在2020年刚刚结束的元旦促销活动中,优衣库又创出佳绩,销售额比上年同比增长了近60%。而这都得力于优衣库以消化库存为目标的运营策略,之后,优衣库开始借助数据的力量,从服装设计、服装生产、服装销售等各个环节全面发力,研发出了很多款带动销量的款式,如此精准运营,短短一年内就有效降低了库存。而2020年元旦活动的成功,就是数据运用的结果。

其内部运作流程是这样的。

通过优衣库的数据库的沉淀和分析，数据分析师预测出当季消费者喜欢的款式、颜色和面料等服装元素，这一点主要围绕三个方面开展：一是用户的平时消费偏好，二是消费者的收藏夹数据，三是消费者的浏览记录。这种预测甚至可以精确到每款衣服的颜色可以生产多少件，进而向供应商精准下单，从源头上减轻了服装的库存压力，也让产品的销量直线上升。

当前互联网上的流量竞争越来越激烈，流量越来越稀缺，商家竞争已经从简单的吸引转变为客户价值的挖掘，在客户体验提升上下功夫。为给客户提供更好的购物体验，优衣库还依据数据技术工具，对客户群体进行了精准的分层和分类，针对每个客户群的特点、习惯、喜好等有针对性地提供消费福利和折扣，做到了千人千面的购物体验，转化率提升了30%。

女人的衣橱里永远都缺一件衣服。很多服装品牌运营商如何准确猜中女人的心思呢？当然就是像优衣库一样用数据分析和预测。比如某品牌的2020年秋冬女装潮流趋势发布会上，对当年的潮流元素进行预测，受到了女性消费者的一致好评。其运营管理人员说，他们通过数据来洞察和预测当年服装的潮流趋势，不但能够帮助品牌挑选更新、更好的款式商品提供给消费者，还将能够实现精准库存预测，推动服装行业供给侧的升级。也就是说，未来消费者身上穿的不再只是衣服，而是一身数据。而这个数据是最贴切消费者的身材、喜好和偏爱的。也就是说，在服装行业，竞争的关键就是看谁能够准确掌握数据，这无疑是一种颠覆和重塑。于是，美丽这件又复杂又难办的事情被数据轻松破解了。

事实上，优衣库一直在用数据解决着"女性"和"美丽"之间的关系。随着现代社会经济的飞速发展，消费者的生活水平大大提高，消费能力也不断提升，但消费者的需求却呈现细分化的趋势。很多新兴女性成为时尚和服装产业的两大主力客户群体，她们大多高学历、高收入、高品质，特别讲究个性和自我。所以，她们在消费的时候，更加注重商品品质，更愿意选择符合自身需要和消费特征的商品。这也要求像优衣库这样的服装部门能够生产出特别符合消费者需求的产品。所以，为了尽可能地掌握消费者的消费选择和需求，优衣库做了海量的市场调研数据分析，进行全渠道销售的数据分析，从中得出对用户的款式、风格、兴趣、场景、购买力等偏好的洞察。在某种程度上，数据的价值在于对数据的"加工能力"，通过"加工"实现数据价值的最大化。因为，数据技术发展可以无限逼近消费者内心需求，而掌握数据就是掌握消费者需求。

由此可见，数据重塑"时尚新零售"，已经从精准库存预测到"零库存"。对于他们来说，数据运营能力才是最重要的竞争力。传统的营销模式单一重视流量，只关注有多少客户到店，有多少客户消费，而数据却可以从"进货、存货、销售"三个维度进行精准掌控，从简单的销售环节逐步深入到产品的设计环节，突破了"生产—销售—数据"的闭环，从而使数据囊括的范围更加全面。因为，只有在洞察每个单品细节设计的同时，还能够更好地为用户挑款选款，提前了解用户的需求，才能够精准快速地服务用户，满足用户需求。

现如今，优衣库的趋势数据不但能够在平台用户购买衣服的时候给出合理建议，让用户更快、更精准地购买自己喜欢的潮款，还可以解决一直以来困扰大家的款式预测和库存问题。这就是为什么随着快时尚的逐渐衰退，许多品牌已经开始退出中国市场，但是优衣库作为一个较早进入国内市场的快时尚品牌，并没有出现下滑，而且每次有新产品出现时，都有可能被"洗劫一空"。因为优衣库早已通过数据分析，得出更加准确的款式预测，并基于数据进行款式判断算法，经过流通环节的测款等方法做到最大限度的精准库存预测，从而做到"零库存"。

第七章
量化营销：用数据助力O2O

在营销实践中，很多O2O的线上平台没有发挥出应有的价值和作用，变成可有可无的鸡肋，处于一个进退两难的尴尬境地。究其原因，是缺乏数据思维导致，且已经成为传统企业抢滩O2O的首要难点。

O2O不能没有数据思维

很多传统实体店零售企业在互联网新零售的冲击下，面临着成本不断增加、消费低迷、盈利难、竞争激烈的现实困难，不得不开始转战线上，开始自建电商渠道，建立O2O模式，彻底扭转业态老化、缺乏创新的局面。

因为传统实体零售走过了这么多年，没有什么创新成果，没有自己的特色或独特的核心竞争力，无法吸引到消费者，对维护老顾客的忠诚度也力不从心，所以面对新模式的冲击不堪一击，没有消费者、没有销售、没有利润。与此同时，运营成本、费用支出却不断增加，处于关店、调整、利润下滑的艰难处境。过去那些大型百货店、大型超市无限扩张的风光时代一去不复返了，面对商品销售额大幅下降、成本加大、利润下降的现实，其扩张速度明显减慢，市场表现是新开门店减少，一些经营困难的门店甚至被迫关闭。接受了惨痛的教训之后，这些企业即便是建立O2O模式后，也开始重视数据的运用。因为，他们已经预见到，未来数据必将是一个核心竞争力，在整个商业领域中的价值会越来越大。只有通过数据采集进行消费者的行为分析，才能够提炼出更多可以变现的"价值体验"和"增值服务"，从而打造出自己的核心竞争力。但很多实体、企业和品牌方建立自己的线上平台之后，却出现了很多问题，导致线上业务几乎没有什么突破和销量，很多O2O的线上平台、网店变成了可有可无的鸡肋，处于一个进退两难的尴尬境地。究其原因，是因为他们缺乏相关的互联网数据思维，无法实现思维转换，成为传统企业转型的首要难点。

那么什么是数据思维呢？数据思维就是将自己采集到的数据与现实现象规律化，同时运用传统的统计学、计算数学、人工智能、数据挖掘等方法，从单一的思想维度转向多样化的维度，统筹融合，进而有针对性地提出解决方法。简单来说，就是通过对海量数据高时效的处理挖掘，发现新的知识和规律，用以解决实际问题的一种思维方式。这种思维体系的建立，不仅可以帮助企业洞悉消费者的需求，还可以对企业内部的一些运营进行优化，让其更加数据化和科学化，从而帮助企业实现真正意义上的转型。有了数据思维之后，才能做好下一步的运作，主要包括两个方面。

一个方面是大胆开辟线上渠道，并对线上和线下进行有效的融合，从而把线上和线下打通，成为真正的一体化的O2O销售模式。例如，苏宁易购的发展历程就是从"以商务为核心"的电子商务模式，发展到将互联网与实体零售相融合的"虚实结合"模式，再到"店商＋电商＋零售服务商"的云商模式，最终发展为线上线下同价的O2O电商经济模式，这个过程就是一个数据思维不断运用的过程。此外，很多像北京银泰百货、西单大悦城、王府井百货、大润发等的超市百货，也开始在固有的线下渠道的基础上，向线上运营进军，运用数据思维，与线下业务紧密结合，从而打造自己的O2O模式。

另一个方面就是把消费者从线下引导到线上，或把消费者从线上引导到线下。主要通过发布大量的商品促销信息、代金券、诱人折扣等方式来实现。这个过程中，如果不以运营数据为依据，比如线上的浏览量、转化率、销售额等，其线上、线下结合的O2O模式效果会大大低于预期。比如，在某餐厅的O2O模式运营中，他们主要通过线上平台的评论和点赞来推广餐厅的品牌、团购和优惠，吸引线上客流到店消费。消费者到店后，又可以领取线上消费的优惠券，还可以到线上消费。由此可以看出，这家餐厅显然对数据有很深刻的理解，立足线下商圈保证客流，并结合O2O平台进行线上客流导入和调整。他们认为，只有依据数据思维，才能帮助餐厅实现精细化的运营。比如当他们通过数据分析得出，餐厅是两人位需求比较多，而对十人、八人大桌的需求比较少，据此就会进行相应的调整。比如更换掉大桌，开启线上平台的预约功能等，从线上和线下全渠道保证消费者到店后不会出现座位不够，不得不等位的现象，进而有效提升了餐厅的空间利用率，生意自然火爆。

营销型社交O2O平台的数据玩法

O2O的依据只能是数据,要想成为行业的佼佼者,必须精准获得与用户相关的一系列数据,包括消费环节的和生活环节的,二者形成一个闭环,才能真正发挥作用。现如今,不只是像苏宁易购等大型商城超市开始玩起了数据,就是路边卖菜、卖煎饼果子的小摊位也开始利用数据玩起了O2O。虽然当前国内的O2O模式还不够成熟和完善,大多都是在尝试,摸着石头过河,但是也摸索出了一些固定的玩法。

1. 数据玩法一:体验模式

所谓体验模式,就是一些O2O平台为了打消消费者"只能看图片,却看不到实物"的消费顾虑,在线下开设了专门的体验店,邀请这些消费者到店里对自己的产品进行体验。比如有一家茶业公司,在某个省会城市开了一家自己的体验店,只要消费者到了这个地方,就可以去免费喝茶,进一步体验产品,如果感觉好喝,就可以立即到线上平台下单。这样消费者对于自己买的茶是什么味道心知肚明,而不是之前的猜测和想象。因为他们对一些新品总是抱着各种怀疑和渴望的态度，只有让客户真正体验到茶的味道，他才会感觉到信任和放心，毫不犹豫地购买。现在很多大企业都采用这种方式营销，产品可以免费使用一段时间，7天或者21天等，可以无理由退换货。这样消费者体验之后，如果感觉好，就会立即付款；如果体验不好，可能退货。通常消费者在这种模式下没有什么消费顾虑，可以大胆地体验。

2. 数据玩法二：粉丝模式

粉丝模式就是通过一些有影响的社会化平台，把自己的粉丝聚集和管理起来，然后定期向这些粉丝推送产品的信息和促销信息，从而让消费者通过线上平台下单消费。这种模式的关键就是和消费者建立紧密的联系，比如通过数据分析有针对性地提供一些免费福利、定制服务等，刺激这些粉丝主动传播，或者体验产品。比如可以向客户提供定制产品和服务，可以使客户通过O2O和导购建立并维持较好的信任关系，在导购为客户提供的私人导购服务下，客户会定期来下单购买。这样一来，客户在购买的过程中，可以得到一些专业的指导，而这正是消费者所在乎的。在这个过程中，企业可以进一步了解消费者的需求和意向，进而更加优化自己的产品。比如某知名化妆品品牌，采用定制的模式，每个月都会推出一款定制产品，专门针对某个客户群体生产，且仅限当月订购，给自己的广大粉丝营造了限量版的消费体验，从而客户对品牌更加忠诚。

3. 数据玩法三：时间模式

在有些行业，随着时间的变化，营销的状况会不一样，会出现一定的差异。比如一些电影院里，上午看电影的人肯定比下午的人要少很多。而下午看电影的人又肯定比晚上看电影的人少很多，这就是时间造成的时间消费差异。那么有些电影院，就把一些促销活动放在了下午和晚上时段，进而吸引更多的人来进行消费。而对于上午的顾客，则规定在上午时间段看电影可以免费，最终的目标就是顾客看完电影之后，可以在电影院进行其他的消费，比如吃午饭、买零食等。采用这种模式之后，可以将优惠活动固定下来，容易让消费者产生条件反射，不但提升客户的忠诚度，还可以在宣传上大为突出，增强吸引力。同时，也有利于客户去消费其他的产品，进行产品之间的交叉补贴。

4. 数据玩法四：导流模式

在导流模式中，数据的主要作用就是通过O2O给线下的门店导流，进而有效提高线下门店的销量。这种模式在很多门店都有运用，比较适用于一些品牌感召力强、以门店服务为主的企业。比如有些企业会在自己的线上平台发布一些促销、优惠的信息，引导客户到线下门店来消费。或者在线上发布一些优惠券和限时折扣，吸引更多的消费者到自己的店里消费。比如在屈臣氏的线上平台，有很多可以到线下门店使用的优惠券和优惠信息，可以有效引导消费者到店里购买。而在门店里，也有很多线下平台的二维码和宣传信息，让消费者去关注，从而形成自己的闭环。

5. 数据玩法五：跨行业模式

跨行业模式比较好理解，就是可以将一些另外行业的产品，当作企业自己产品的赠品，进而作为诱饵，吸引客户消费自己的主流产品，有点像借他山之石以攻玉的感觉。这种模式可以弱化行业之间的界限，将一个行业的产品轻松带入另一个行业，也叫异业联盟。比如买个小米电视，可能会得到一些褚橙；而买一个联想电脑，可能会送你一个九阳豆浆机等。两个企业通过这种合作，可以让自己的客户群体共享，轻松扩大品牌影响力，获得更多的客户，因为客户终身都是消费者，他买了电脑，就有买豆浆机的需求。即使商家不去合作，他自己也会去找九阳买。而联想整合在一起之后，有需求的消费者就感觉非常省事、省力，把对联想的信任，转嫁到九阳上来。这样联想拓展了自己的服务，九阳获得了精准客户，两方实现双赢。

可口可乐这样走近客户

可口可乐是一种由糖浆与汽水混合后制成的饮料,现如今世界每一秒钟约有10450人正在享用可口可乐公司所出品的饮料,可口可乐成为人人皆知的国际品牌,甚至被很多忠实的粉丝冠以"肥宅快乐水"称号。可是当人们在喝这款自己喜爱的饮料时,却不知道,这家全球饮料巨头公司能够长盛不衰的背后是数据的功劳,这也是可口可乐公司的成功之道。在可口可乐公司,对于数据的运用主要体现在以下六个方面。

一、用数据作为核心竞争力

可口可乐公司在全球拥有最大、最干净、最精确的数据集,而精准的算法让其在激烈的市场竞争中站稳脚跟,可以随时分析各个销售网点的数据,每个月可以因此而增加近40亿美元的收入。别看一款饮料的口味、销量和用户始终不变,但其背后却是1000多亿的数据决策变量才得出的结果,这样可以确保他们的饮料每年都会有相同的消费者喜欢的味道和口感。与此同时,他们还在自己的业务、管理、生产和销售等领域大规模使用数据，有效降低产品的生产成本。

二、用数据调配口味

通过对可口可乐自助式汽水机的数据监控，可口可乐公司可以洞悉消费者喜欢哪种口味的饮料，以此为依据，计算出消费者喜欢哪种口味的饮料，通过盲测之后，立刻将产品进行量产，而不是像过去那样通过决策层来决定调配什么口味的饮料，节约了整个新产品的研发流程和时间。

三、用数据优化售卖

自动售货机问世以来，它的核心功能并没有多大的改变。而可口可乐公司通过数据，在自动售货机上添加了很多有趣的功能，让自动售卖变得更加好玩。这种机器非常好操作和管理，可以"提供特价、跟踪销售、优先维护和补充需求，甚至接受移动支付"等服务，这样非常方便消费者在自动售货机上下单。与此同时，还可以通过人工智能机器人和用户对话。因为，可口可乐公司的数据分析可以对消费者的Facebook活动、当前的位置和对话的基调进行分析，通过人工智能机器人可以采用适合每个消费者的本地方言和态度进行服务。这一点给了消费者非常新奇的体验，他们会感觉这个品牌非常懂自己，关注自己，自己仅仅买了一瓶饮料，但是这个公司竟然这么费心思。不仅全方位了解自己的喜好，还会用自己习惯的方言和自己交流，对于他们来说，这种消费体验太不可思议了。

四、用数据拓展服务

可口可乐公司通过研究和分析谷歌平台，学习了他们的数据处理方式，研究了拍照就可以阅读产品代码的服务项目。也就是说，消费者可以对瓶盖进行拍照，然后将其翻译成代码，准确率达到99.97%，最终实现无障碍购买，可以有效提升消费者的忠诚度。虽然对于消费者来说，只是购买可口可乐饮料时多花了一秒时间来处理图像，但却给其带来了新奇的购买体验，进而对可口可乐这个品牌的认可度非常高，最终变成这个品牌最忠实的客户。

五、用数据分析舆情

很多公司都在意消费者在社交媒体上对自己的品牌和产品进行评价，如果发现有不足，或者有什么问题出现，就会有针对性地做出道歉，这样的做法非常被动。但也证明在社交媒体上，人们对产品和品牌的评价价值百万。可口可乐公司在全球有近3000个零售网点，他们会通过消费者的反馈对社交媒体的舆情进行监控。例如，2015年可口可乐公司就分析了200亿份的反馈，从这些反馈中发现了新的商机。他们发现现在很多消费者做消费决策时，会去社交媒体上征询和听取别人的意见，然后再做决策。于是可口可乐公司也用这种方法来检测他们新产品的一些包装、口感，把新产品的相关数据和照片都放在社交媒体上，让消费者谈一谈自己的看法和意见，收集到这些信息之后，他们不断优化，再进行下一步的新品研发和量产。

六、用数据与客户互动

早些年，可口可乐就曾经推出过一个非常有趣的工具，如果把自己与一瓶可乐的照片上传至可口可乐公司网站上的一个工具中，它可以推测用户的年龄，或者那个可乐瓶的年龄等，给用户一份特别的可口可乐购买体验。而这种与消费者进行品牌互动的方法，就是通过数据才实现的。

七、用数据管理库存

可口可乐现在可轻松地管理全球各地的1600万台冷饮售卖机的订单，而要实现这个管理，只需通过与第三方公司合作，研发适用于可口可乐公司营销的库存管理应用。不需要再雇用成千上万的员工去挨个检查冷饮售卖机是否需要补充库存，而是只要对冷饮售卖机拍一张照，可口可乐公司的库存管理系统就会根据照片对冷饮售卖机库存进行清点，确定"可口可乐的数量"，而且这个功能还可以用来甄别冷饮售卖机中是否存在其他品牌的饮料，然后再结合历史购买记录，进行科学、合理的库存调配。由此可见，数据在可口可乐公司的供应链、管理流程中发挥着多么重要的作用。

猫眼电影发布数据

猫眼电影作为国内最大的电影 O2O 平台，市场占有率达到 70%，在电影市场非常有影响力，是行业的领军平台。一直以来，其运营的核心驱动力都是数据，却不轻易向外界透露。而近期在线下举办的一场电影沙龙中，猫眼电影首次发布了一份关于数据运营的报告，全方位揭开了自己在数据运营中的一些经验和实战，非常值得学习和研究。

我们看到猫眼电影在数据方面主要有三个特别值得关注的地方：一是数据样本量充足，猫眼电影的每一份电影消费数据，样本调研人数超过 5 亿人次；二是观影行为剖析覆盖用户观影的全流程，很多都有具体的实例；三是对用户的群体进行精细化的分类，比如个人喜好、个人习惯、喜欢的电影类型、最爱看的电影等，这些都为猫眼电影的制片方提供了精准的营销依据。而在电影领域内，如此运用数据分析的公司，只有猫眼电影。猫眼之所以能够取得这样的成果，是因为在运用数据运营方面，主要有以下三个方面的领先之处。

第一，猫眼电影O2O平台的数据样本我们在前边说过了，是范围最广而全的，这就意味着他们的数据肯定有非常强的代表性和实用性。猫眼电影O2O平台已经积累了超过5亿人次的观影数据，覆盖全国5000余家影院，猫眼的评分和评论都来自真实的线下观影用户，数据非常精准。而且猫眼与美团的合作，也为猫眼电影O2O平台带来了美团全平台资源和流量的支持。在这个基础上，为猫眼电影O2O平台的数据运营打下了坚实的基础，自然具有实用性和代表性。而其他的影视公司则达不到这种覆盖率，自然其数据不能说精准。

第二，猫眼电影O2O平台的数据采集力度非常强大，能够全面揭示用户观影过程中的所有关注点。而且不仅仅是观影中的行为，观影前、观影后都能对反馈、评论等数据进行采集，能够帮助制片方更加精准地掌握市场，把握制作的方向。比如猫眼电影O2O平台的数据分析报告指出，现在观影的主力军是"90后"，而"95后"和"00后"正在成为崛起的消费力量。他们非常年轻，容易接受新鲜事物，所以在观影的过程中，可以接受首映日的预售票制度。猫眼电影O2O平台在影片上映前，会详细采集这些主力用户对剧情介绍、预告片、演员、社区影评等因素的评论、喜爱和偏好，进而为下一轮的影片上映提供参照。而且洞察到影片上映后，观众的评论与口碑会直接决定电影后期票房的走趋，猫眼电影O2O平台会直接通过对上映初期的影评关键字进行深入挖掘，及时感知用户口碑，进而随时调整营销策略和方案。

第三，猫眼电影O2O平台数据能"精准制导"。也就是在电影拍摄前，就会对目标观影用户群体进行用户画像和解析，在此基础上再开始剧本创作和拍摄，更加精准。比如以某战争题材的电影为例，之所以上映后大热，是因为其背后运营的力量就是数据。据了解，这部以战争为题材的电影开拍之前，制作方借助数据技术，提前对自己的目标客户群体进行了分析和锁定。他们认为自己的目标客户都是三四线城市的青年群体，而不是一二线城市的青年群体。因为一二线城市的青年群体生活节奏太快、工作压力比较大，去看电影的时间和次数相比三四线城市的青年群体会有一定的差异。而三四线城市的青年群体生活节奏慢，人情连接紧密，注重休闲和社交，他们有充足的时间去看电影，进而消磨大把的时间。于是在这些分析的基础上，这部电影的制片方对三四线城市青年群体的喜好、思想、习惯等方面进行了全方位的分析，进而才开始创作和拍摄，上映前又定制了相关的营销话题，很好地激发了三四线城市青年群体的关注点和兴趣点，加大了预售和口碑等方面的营销，助推了影片上映后的热度，最终获得口碑和票房的双赢。这就是利用数据结出的硕果。

据了解，猫眼电影O2O平台的这份数据运营报告发布之后，在业界引起了轰动，也助推了电影行业对数据运用的热潮。后来，在猫眼电影O2O平台数据运营的影响之下，电影界另一部电影也取得了成功，成为万众瞩目的焦点。这家电影公司完全是依据数据拍摄了这部电影，从剧情设置到演员选取，以及导演阵容的组成，都以用户在网站上的行为和使用数据做支撑，从开拍之日起便注定会受到广大观众的青睐。而且他们对数据的运用，并不只局限于电影的前期内容创作，而是对投资决策、制作开发、宣传推广、终端放映等环节都进行了数据技术的渗透，进而帮助他们更加精准地锁定了自己的目标客户群体，有效地提高了营销效率，降低了运营的成本。

在数据技术的影响下,2013年国内共上映影片146部,其中国产电影117部,电影市场总票房达102.65亿元,国产片票房累计达64.67亿元,占据63%的市场份额,进口片总票房不足四成。国产电影票房呈现井喷式的发展。其中由郭敬明导演的电影《小时代》在票房成绩上可谓遥遥领先,两部合计投资4000多万元,第一部首日票房达到7300多万元,首周票房达到了2.6亿元。而这些国产电影票房成绩的取得,自然不只是电影内容本身,更多的是电影背后数据精准的助推,给电影产业带来了极好的发展前景。

第八章
量化营销：用数据实现广告智能

在数据高度发达的时代，广告产业的创新就意味着将智能化技术和数据融入广告的任何一个环节。要根据消费者的群体特征和流量情况进行广告策划、制作和投放，而不再是连续的广告轰炸。

智能化广告时代已经开启

最初的互联网广告，只有简单的互动性和页面广告，主要运用于一些知名的网站，因为它们本身就有巨大的客户资源，以及强大的影响力，这些都会给这些门户网站带来巨大的流量。但是随着互联网的飞速发展，以及智能化时代的到来，人们的休闲娱乐方式也变得丰富多样起来，获取信息的渠道发生了翻天覆地的变化，用户不再只关注这些大型网站，各种各样的网站开始如雨后春笋般涌现，也在吸引着消费者的注意力。据相关数据统计，现如今用户通过门户网站来获取信息的比例已经下降到了30%左右。与此同时，门户网站的广告占比也开始从2010年开始下滑，广告主已经开始到新的广告市场寻找自己的目标客户。

视频广告开始成为广告新宠，成为视频网站的主要收入来源，主要集中在化妆品、汽车和游戏行业，其受众以"90后"居多，而广告时长仅有15秒，消费者都可以接受。一时间这种视频广告成为广告界的热点。但是随着版权和竞争的影响，很多知名的视频网站把这些广告延长到了45秒，甚至60秒，严重影响了消费者的观看兴趣，渐渐呈现弱势。

微电影的内容植入广告又很快兴盛起来，最初消费者没有什么感觉，但随着越来越多广告方的青睐，以及越来越多制片方和演员的加入，消费者开始关注。但是，因为投入门槛较低，微电影植入广告水平参差不齐，消费者的体验并不好，其商业广告的价值还有待挖掘。

随着移动互联网和智能手机的普及，人们获取信息的方式又发生了巨大的改变。有的在手机上看电影较多，有的喜欢用手机看资讯，有的喜欢玩游戏等，这就要求广告的投入要结合广告主的实际需求，对投入渠道、针对人群、宣传内容等适当进行投放，从而提升消费者的广告体验。根据消费者的群体特征和流量情况进行广告投放，而不再是大片的广告轰炸，由此可见，一个智能化广告时代已经开启。

在智能化的时代，没有哪一个公司和行业能够逃得过数据的运用，广告市场也不例外。例如，有些互联网广告寡头，将自己的官网地址从www.180China.com正式变为180.ai，是为了将数据、广告高度融合在一起，志在做中国最顶尖的智能数字广告公司，由业界知名的创意驱动，改为数据智能化驱动。由此可见，在智能化高度发达的时代，广告产业的创新就意味着将智能化技术和数据融入广告的任何一个环节，具体表现为以下六个方面。

一、广告形态创新

广告越来越个性化，能够给消费者非常深刻的广告体验。而且广告与虚拟现实技术紧密结合，发挥出了巨大的联想和创意空间，能够给广告提供沉浸式的技术支持。这一切都得力于人工智能的发展，以及计算机技术的完善和进步，比如视觉技术、自然语言处理技术、语音识别技术等。这些技术为人机对话提供了可能，让消费者被数据包围，计算机通过数据分析和挖掘，可以掌握消费者真实的消费意图，进而掌握营销的主动权。

二、广告方式创新

在传统的广告营销模式中，广告主是广告生产的主体，广告公司根据广告主的意图进行广告创作，存在着很大的盲目性，广告有没有效果全凭运气和猜测，没有任何科学的依据。而智能时代的广告则可以通过数据技术，精准洞察消费者的行为、习惯和喜好，然后在这些基础上针对投放的渠道进行广告策划和创意，最终交给广告主确认，进而投入市场。其广告生产方式完全是颠倒过来的。但广告的精准度提升了60%，广告效果大大增强。

三、广告要素转移

当前，智能化时代的广告核心竞争力，集中在数据、技术和创意这三个关键要素上，其中数据最为重要，完全颠覆了传统的广告流程和产业，非常耐人寻味。

四、广告结构创新

智能化时代的广告，其生产和运营的主要内容，会向两个方面发展：一方面是为广告主提供低价位、高价值的标准化数据信息服务；另一方面是为广告主提供个性化营销服务，能够让其和客户精准互动并把握需求。

五、广告价值重构

在人工智能和数据的助力下，广告产业的价值链已经发生变化。广告主、需求方、销售方、交易平台、数据管理平台、数字媒体等成为广告信息传播过程中的新主体,他们是捆绑在一起的,而不是一个单独的个体,这种营销的广告效果可以实现在各个环节的动态监测,还可以让广告内容与目标人群实现精准匹配和定制化服务。

六、广告资源转型

在智能广告业,传统运营模式中的一些机械化的、重复率高的脑力/体力劳动,会被更加先进的、便捷的人工智能/机器人取代,广告人力资源的结构已经发生了变化,这是为了适应智能化技术与新的业务形态的需求。所以,在广告行业中,催生了很多新的职位和工种。比如传统广告行业有平面设计师、广告调查员等职位和工种,随着智能化时代的到来,却产生一些没听说过的新职位和新工种。比如已经被广告行业认可的"自然语言处理工程师"和"语音识别工程师""人工智能/机器人产品经理"等。

智能化是对广告行业的重构

传统模式的广告营销模式，以广告位、媒介为中心，虽然成本居高不下，但营销效果却不尽如人意。随着互联网技术的发展，基于数据技术的智能化时代来临，改变着人们的生活和习惯，渗透于各行各业中，将其重构且颠覆，冲击力巨大，广告行业自然也不例外。现如今的广告行业要求广告公司和广告主要快速融合数字、技术基因，帮助广告主去连接消费者，掌握消费者的动机，同时还要去挖掘消费者的潜在需求，更好地理解消费者，进而产生更有影响力和传播性的创意。也就是说，通过人工智能，打开一个更为广阔而又有趣的新天地，为众多的广告主创造很多好玩又有意义的广告营销体验，既拉近了品牌和消费者之间的关系，又能实现高效、直接的效益转化，用先进的智能化技术给广告行业带来更多翻天覆地的变化。智能化新技术在重构广告行业方面的运用，主要有以下八个方面。

一、5G 的广告运用

在 5G 时代，已经摒弃了传统广告的文字、图片、短视频、直播等形式，而是依据人机互动、AR/VR 等多媒体技术全面提升广告的表现力、吸引力，增强广告与消费者的互动性，让广告的影响力更强。而且通过对 5G 的广泛运用，还可以帮助广告主快速、准确地找到精准的消费者在哪里，实现精准的营销推送。

二、广告终端多样化

在智能移动互联网时代，如果每人一部手机和一台电脑，那么平均每个人拥有 115 个智能广告终端，这些终端分布于手机和电脑中。随着智能化技术的深入运用，广告终端会越来越多样化。在未来万物互联的时代，我们每个人的衣服、手表、汽车、帽子、椅子、其他家具和鞋子等，都可以是一个智能终端。也就是说，在智能化技术的加持下，每个普通的消费者在日常的工作和生活中，或将有 10000 个以上的智能终端，被数不清的终端层层包围着，而这些终端每一个都可以是广告终端。

三、广告更加精准

传统的广告模式已经满足不了品牌方和广告主的诉求和需要了，广告模式正在向信息化、专业化和智能化升级，消费者对传统广告非常反感，进而品牌需要更加精准和具有吸引力的广告营销。而人工智能的广泛运用，能够在准确的时间、准确的地点向目标消费者提供他们想看到的广告。在此之前，已经经过数据的分析和研究，不再只是靠创意和猜想去搞定消费者，而是一招中的效果，用最低的成本，触达消费者。

四、增强广告形态

随着虚拟现实与增强现实技术的不断进步，广告的形态可以进一步地丰富和生动起来。因为虚拟现实技术可以打造极富沉浸感的体验，这会给广告业带来全新的颠覆。广告通过这些技术，能够营造更加全面的感受。比如汽车类的广告，借助虚拟现实与增强现实技术，可以实现虚拟驾驶。房屋装修类的公司，可以借助虚拟现实与增强现实技术让消费者身临其境地感受装修的风格，进而增加广告的趣味性，让消费者能听到、看到、触到，获得全息沉浸式的体验，丰富原生广告的形式，使其越来越多元，促进消费与转化。

五、AI产生促进创意

随着人工智能技术的不断进步，广告的创意已经不再依据人脑，而是通过AI来实现。AI可以在数据中收集消费者的消费习惯和心理，自我学习和演进算法找到消费者的痛点、痒点、需求和喜好等关键点，然后产生正确的概念创意，最后通过精准的渠道推送给消费者。与人工创意相比，人类要几个月，AI只要几秒钟，效率不可比拟。例如，双十一购物节时，阿里启用AI鲁班进行设计绘图工作，可以做出4亿张banner，而且每张都不重样，每秒差不多做8000张图。如果换作人工来完成这项工作，4亿张banner的工作量不知道要消耗多少时间和精力，不可想象。

六、数字身份了解消费者

生物识别技术已经开始应用，因为3D传感器的快速普及、多种生物特征的融合，这项技术已经接近成熟，可以大规模地应用，与消费者的日常生活开始紧密相关。消费者的一些生物识别具有唯一性，可以作为身份识别的依据。也就是说，数字身份将成为人的第二张身份证。比如我们从家门锁、小区人脸门禁、超市收银，再到坐高铁、去医院看病等，都可以使用自己的数字身份。通过对消费者的数字身份的了解，可以进一步地了解和走近消费者。

七、广告的千人千面

千人就有千种不同的广告，也就是说，智能化新技术的运用，可以让媒介根据消费者属性自动推送广告信息。比如一只水杯的广告营销，如果通过数据技术知道消费者是一名学生，那么就会围绕产品的功能，组织一些适用于学生使用场景的广告文案，如运动后、下课间隙等场景都需要喝水等；如果对方是一名公司的白领，那么就要推送为了避免办公室亚健康需要多喝水、每天对着电脑皮肤容易干需要多喝水等。这就是结合消费者性格、爱好、接收广告的方式等因素，制作和推送有针对性的广告，让消费者觉得这个广告就是为自己而来的，产生这个品牌好懂自己的感觉，这样会有利于促进消费者接纳和购买，这就是广告的千人千面。

八、驱动自动化营销

数据管理平台，近年来也备受关注，它是人工智能技术和企业数据管理与决策的结合体，也被称为"最强大脑"，其最有代表性的语音识别技术，可以帮助很多公司实现人机交互，在新零售、无人驾驶、医疗影像识别等领域广泛运用，还在持续发挥着影响力。

数据让你重新认识自己

人类与万物的区别，就是拥有独立思考的能力，通过独立思考，对自己产生全面的认识，从而在社会生活中定位自己，适应环境，让自己更好地融入其中。人类以为对自己已经非常熟悉了，自己就是自己的主人，不受任何其他因素的控制。但是，在现代科学技术不断发展的时代里，人类对于自己的认识还要再上一个台阶。也就是说，人类不一定了解自己，最了解人类的是数据。

你确定知道自己喜欢吃什么美食，穿什么风格的衣服，喜欢哪个品牌的手机，哪家店的零食？如果有人突然问你这些问题，你可能会感觉一时答不上来，很多回答都是模棱两可。但是如果问数据，它可一点也不犯糊涂，你吃过的、穿过的、用过的它都帮你记着。当你纠结着吃什么的时候，打开美食App，马上你吃过的、可能喜欢的、推荐的美食就会向你涌来，各式各样，一定不会重样，都是你爱吃的。打开淘宝，不知道这个季节流行什么？没关系啊，数据推荐就会告诉你，哪些衣服热销，哪些款式是爆款。选择太难？那就找个分类试试。按价格档次分类，按面料分类，按款式分类，按胖瘦分类等，你可以随心所欲，任意选择，每一个分类都可能帮助你用最快的速度找到自己喜欢的衣服。

从案例中我们可以看出，数据比你还要了解你，熟悉你，清楚你，它掌握着我们的所有信息。这就是为什么淘宝知道哪个省的女性脚大，因为数据告诉运营人员，哪个省买大号女鞋的人数最多。所以，如果某种款式的女鞋版型偏大，就往那个省的客户群体中推送信息，保证畅销。

数据出现在我们生活的方方面面，任何地方都有它的身影。我们在网络上的任何行为，每一次分享、每一次点赞、每一次浏览、每一次评论都将被记录下来，成为数据的一部分。也就是说，只要我们离不开互联网，我们的所做所为都会成为数据的一部分。

比如有一个从来没有买过旅行洗漱用品的人，突然买了一整套，那么这个人可能要出差，或者出门去旅行；如果某个人经常和另一个人微信和视频，那么这两个人可能就是情侣；如果有人在网上不停地搜索与丽江相关的旅行信息和攻略，那么他有可能要去那里玩；如果有人一直打开某找工作的网站，那么他可能想换工作，或者正处于失业状态；如果有人总是收集与广告相关的信息和内容，那么这个人很可能是一名广告人等。

也就是说，我们每个人在未来的生活中，都离不开互联网，但只要使用互联网就会有痕迹。比如工作中会用锤子便签，出门用打车软件，吃饭有外卖 App，预约餐厅有订餐网站，和朋友聊天有微信，这些都可以被记录下来，成为量化的数据。最终在数据中，关于你自己的描述，很可能就是由一堆数据组成的。比如喜欢文艺，长期戴隐形眼镜，身高 160 厘米，喜欢吃辣，不太爱出门，经常宅在家点外卖；爱看书，喜欢小动物，经常看电影；刚和男朋友分手，正在恢复期，喜欢伤感风格的歌曲等。也就是说，数据有可能是最了解你的，甚至超越了你的爸妈和你自己对你的了解程度。

而那些广告公司，就是通过这些数据来了解我们，搜索引擎就是它们了解我们的重要窗口。它们会读取这些数据，收集到一定程度之后，通过分析和研究最终做出用户画像，预测我们的个人基础信息、点赞、社交圈、消费习惯和生活习惯等，最终建立数据模型，用模型运算预测我们接下来可能发生的行为。比如会再次选择玩什么游戏，会再去消费什么价位的化妆品，会喜欢哪个服装品牌的哪个款式，会再次购买哪款零食，会喜欢哪种风格的广告片等。接下来，它们就会定向而精准地在我们面前营销自己了。因为，它们已经非常了解我们。

第八章 量化营销：用数据实现广告智能

数据让爱奇艺的视频广告更懂你

爱奇艺的付费会员数量非常可观，近亿人。这些付费会员的存在，证明了爱奇艺的内容输出非常具有吸引力。而爱奇艺的相关管理人员称，这正是数据和 AI 运用的结果。这可以让爱奇艺更加懂自己的用户，正是因此爱奇艺才能够制定和输出用户喜欢看、所需求的视频内容。

根据艾瑞咨询的报告显示，爱奇艺在国内原创视频内容的排名中名列前茅。比如爱奇艺的综艺节目《中国有嘻哈》，这个节目的视频播放量达到了 30 亿次，短视频播放量达到 80 亿次，在新浪微博的 50 个热门话题中占据了 36 个席位。也就是说，这个节目产生了巨大的经济收益，仅大结局 60 秒的广告位置就标出了 4500 万元的价格。那么，在数不清的流量明星人物和热播剧本的激烈竞争中，能够做出这种高流量节目的幕后"高人"就是数据。爱奇艺相关管理人员透露，《中国有嘻哈》选哪个主角是由 AI 算出来的。也就是说，爱奇艺不仅运用数据算法预测节目的流量，也能够为节目的制作提供一些具体的参照指标，最终爱奇艺将所有元素汇集在一起，比如题材类型、编剧、导演、主创人员、明星及档期等，通过AI就可以得出一个最终的结果。

有了流量，那么就产生了视频广告。爱奇艺在视频广告内容的选择和制作上，可以通过数据先预测视频流量，用于决定视频广告制作的关键指标，从而帮助广告主将每一分钱都花在刀刃上。

爱奇艺播出的《都挺好》电视剧中，主角苏大强发脾气，和自己的儿子争吵不休。这时候儿媳妇过来劝导，问苏大强要不要给他倒杯水。苏大强说不喝水，而是要手磨咖啡。这样的场景，会给观众留下非常深刻的印象，能够充分调动他们的情绪，一直紧紧抓住用户的眼睛。这样在后期的制作过程中，爱奇艺的AI技术能够对电视剧中的场景进行识别和抓取，可以以"苏大强喝手磨咖啡"为场景，从中抓住"苏大强"和"咖啡"这两个关键词，最终创造出"××咖啡，苏大强最爱"这样的广告词，提供给广告主使用。

爱奇艺的AI技术正如案例中那样动作，通过对视频场景进行识别，然后和用户情绪进行匹配，最终为广告找到适当的联系场景。这样，相比传统的广告投放，爱奇艺的AI广告更加贴近观众，通过情感化、场景化的方式，在广告主和用户之间搭起了桥梁，帮助广告主实现了精准投放。而观众感觉爱奇艺的视频广告更懂自己的原因，主要来自爱奇艺AI技术的两个运用。

一、AI 洞察

爱奇艺近亿个会员中，98%为付费会员。这说明作为国内视频媒体的头部平台，爱奇艺拥有非常多的优质流量，这也是爱奇艺能够吸引用户的关键所在。与此同时，说明爱奇艺对自己的用户有着非常全面而深刻的洞察。

爱奇艺视频中，在观看视频之前对于广告可以选择跳过和不跳过观看，相比传统广告的贴片形式，这种形式的广告可以为 AI 洞察技术带来发挥的空间，通过视频内容的基础用户洞察，为广告主提供多角度的洞察，开创一种全新的触点广告形式。

因为，传统的贴片视频广告，无法洞察用户的任何信息，除了触达的用户数量，此外的任何信息都收集不到。而触点广告能够帮助广告主筛选哪些用户对自己的产品感兴趣，哪些用户对自己的产品不感兴趣。同时，对于选择跳过广告的客户群体，可以从中进一步分析这些用户选择跳过的时间节点，从而进一步判断，可以帮助广告主筛选出对产品不感兴趣的部分用户；而在未跳过广告的部分群体中，广告主可以进一步从其他数据上预测用户感兴趣的程度。

对于视频广告主来说，这些数据非常真实，能够有效反映客户的行为。然后广告主可以对已经看完广告的人群再次进行细分，从而锁定精准的客户，在下一步的广告投入中，针对这些精准客户进行针对性很强的投放，进而实现广告效果的最大化。在信息大爆炸的移动互联网时代，会员每天都要接触到的信息与日俱增，这使他们对于内容的需求更高了，而对硬广的排斥情绪愈加强烈。

二、AI 投放

在衡量视频广告投放效果的阶段，爱奇艺用视频的各种元素作为广告衡量的指标，进而创建有利于促进转化的模式，相比传统的预测型方法，这种模式更加贴切，可以从各个角度进行广告优化。简而言之，广告主只需要关注目标，再决定广告的成本预算。而触点式视频广告可以让广告主更加精准地锁定用户，投其所好。在了解用户习惯和喜好之后，通过人工智能、数据和云计算，爱奇艺已经具备了智能创作、智能产出、智能标注、智能发布、智能观看、智能货币化和智能客户服务的能力，侧重于创作更加优质的广告，进一步提升营销效率；越来越智能化，而且通过数据系统不断优化广告，把代理商和广告主的工作量降到最低。

在 AI 投放的前提下，爱奇艺加大了对不同年龄群体用户的吸引力，可以提供更加个性化、优质的广告，进一步加强内容的发布效果，扩大长尾覆盖，增强爱奇艺付费会员的数量，进一步创作符合会员喜好的新媒体内容。

百度广告利用数据最大限度与用户需求契合

在广告的智能化时代,广告的目的在于选择合适的时间、地点、形式,通过合适的渠道,向合适的人,传播合适的营销信息。传统广告之所以让人讨厌的关键在于,铺天盖地地向用户进行"轰炸",不管用户喜欢还是不喜欢。只有用户愿意看的广告,才能发挥广告的效果,成为广告主和消费者之间的桥梁,帮助消费者找到自己喜欢的商品,帮助广告主找到真正的消费群体,而要做到这些,都需要数据技术的支持。

在百度的广告模式中,用户体验始终在塔尖的地位,中间是广告主的广告投放效果,最下部是数据系统。百度运营负责人表示,在百度搜索页面,广告并不是随意弹出来的,每一次都要与用户产生最大限度的契合,要让用户感觉广告是专为他而来,而不是胡乱弹出来的。只有让用户认可的广告,才是有效的广告,而要达到这个目标,就要提高广告的有效性。只有通过先进的技术不断优化和提升用户体验,才能不断提升广告的效果。也就是说,用户体验才是一切广告达到效果的关键。

在百度有数量庞大的广告库，当用户搜索自己需要的内容时，根据用户搜索的关键词、搜索行为，数据系统会自动判断应该给用户提供什么样的广告。在传统的广告模式中，每个人都在同样的时间，同样的地点，看同样的广告。而百度的广告已经实现了广告的个性化，在同一个页面上，每个人看到的广告内容是不一样的。对于那些不经常被点开的广告，系统会根据分析，减少这种广告出现的次数。也就是说，把用户对广告的反馈作为改进系统、页面的重要依据，最大化提升用户体验。因为百度运营人员认为，一个搜索网站如果要提升美誉度，要在广告运作中尽量减少占用用户的时间，从多个角度切入，提升与用户的契合度。

一、广告有实用功能

百度广告都具有一个特征——非常实用，只有这样，用户才能不对广告产生反感，关注度才会提升。比如用户在电脑上看到一个弹窗广告，如果内容与自己没有什么关联，用户通常会马上关掉。但如果是一个宝妈，看到了一个关于儿童玩具、儿童游戏方面的弹窗广告，能够发现有一些通过玩具和游戏启发孩子智力的小知识和产品，马上就会非常感兴趣，自然不会随便关掉广告信息。还有一种广告形式，是一个测试类的链接，广告本身就是一个可以让用户消遣和放松的内容，同时也是免费的，用户可以在娱乐和测试的过程中，一边休闲，一边了解广告信息。无形中让用户和这个广告、这个品牌进行了互动，加深了用户对品牌的印象和好感。

二、给用户体贴和关爱

视频网站都有广告，这种广告不是会员不能关闭。对于一些非会员来说，这十几秒的时间是一种很大的无奈和煎熬。而百度视频的广告即使不是会员也可以在规定的时间内关闭。百度的做法，无疑是一种智慧，因为广告的首要前提就是要和用户保持好感。如果内容质量过关，再加上可以关闭广告的权利，用户对广告的好感就会迅速提升。

三、为用户进行科普

百度广告经常通过一些广告给用户科普知识。比如一家奶粉公司，在自己家的广告中引导用户，母乳才是最好的精华，而且是孩子的原始能量，营养丰富，任何东西都不能媲美。所以打开这家奶粉品牌的官网，看到的就是关于母乳的宣传标语。事实上，在某种程度上，奶粉与母乳是冲突的，因为孩子吃了母乳，就不会再吃奶粉。但是这家奶粉公司之所以这样大力普及，就是为了向用户进行科普，并向母乳致敬。这样在用户中树立起好的品牌形象，等孩子断奶之后用户还是要买奶粉，那个时候他们自然会想到这家奶粉公司。

四、给用户美的享受

百度广告中，非常注重用户对美的感受程度。尽量在广告中为品牌打造令客户赏心悦目的形象，把品牌的形象提升起来，引起用户的注意，同时能够让用户最大限度地感受品牌和产品的美好。比如一家火锅连锁品牌店，曾经制作了一个广告，将全部的食材摆成了一幅山水画，生菜变成了树林，黄瓜切段变成了草丛，羔羊肉肥瘦相间俨然山脉，非常精美，让客户感觉非常美，从而对品牌留下深刻的印象。

五、和用户情感共鸣

在百度广告中，经常会通过广告给用户带来情感的共鸣。这种广告可以提高与用户的契合度，可以针对品牌方的需求，用广告的形式激发用户的情感，比如爱国情、亲情、爱情、友情、乡情、同情等情感，给用户强烈的心理冲击。

六、给用户直接的帮助

百度广告中还有一种类型，就是给用户提供直接的帮助。比如某个品牌的产品，可以解决用户在生活中遇到的一些小麻烦，给用户带来很多的便利，让用户因为这个产品的出现而提升生活品质。因为，品牌向消费者提供高品质的产品是最基本的服务，只有这样才能真正受到用户的支持和喜欢。

第九章
量化营销：用数据玩移动互联网营销

　　数据挖掘技术，对人们在智能手机、平板电脑等移动端设备产生的大量的基础数据进行分析，产生了巨大的商业价值，深刻影响和改变了广告营销的模式，把移动端变为数字营销的主战场。

移动端量化营销的趋势

星巴克在2018年开通了微信公众账号,开始加入微信营销的大潮。星巴克的用户只要通过搜索或扫描二维码,就可以加星巴克的官方账号为好友,虽然这并不是什么新颖的营销方法,但接下来的互动却非常有趣。只要用户给星巴克的官方账号随便发送一个表情符号,就会收到一个非常惊喜的回应,可以收听到一段音乐,代表不同的心情。随后,星巴克还推出了一款别具匠心的闹铃App,只要用户在设定的时间,听到星巴克的闹钟响起后,随手按提示点击起床按钮,就可得到一颗星。凭借这一颗星走进附近任何一家星巴克店里,就能享受一杯咖啡的折扣。也就是说,星巴克在移动端的营销,通过这款App来实现。反映出星巴克一直以来通过数据全方位了解用户,用一杯打折的咖啡,使客户一睁开眼睛就可以想到星巴克,产生品牌关联,与客户的生活发生紧密的关系,进而达到促销的功能。星巴克的这个营销案例,成为移动端数字营销的典型案例。

当前，我们生活在一个数字化的空间，每天通过智能手机、平板电脑等移动端设备了解资讯、丰富生活，产生了大量的数据信息。数据挖掘技术基于这些技术，产生了巨大的商业价值，深刻影响和改变了移动端广告营销的模式，成为数字营销的主战场，呈现以下趋势。

一、营销生态改变

随着智能手机和平板电脑的普及，大量移动电商的涌现，消费者的购物有了更多的选择，更加方便快捷。因为移动电商购物的体验非常好，价格便宜，品类丰富，简洁的流程、安全的支付、快捷的配送为移动电商的扩张创造了条件，也促进了市场营销生态的改变。

二、App 是主要营销形式

现阶段移动互联网流量大部分都由 App 产生，占据了 70% 的流量，意味着 App 已经成为移动营销的主要形式。庞大的 App 数量，让移动端的营销实现了量化，可以在合适的时间、合适的地点、合适的场景，看到自己想看的广告和产品。

三、本地化移动营销前景广阔

本地化移动营销将人、货和场三者结合在一起，产生了一种既高度本地化，又有高度相关性的商品传递信息，满足了广告主营销的需求，本地化移动营销得以快速发展。主要表现在以下三个领域：一是游戏化，二是移动支付，三是增强现实。例如，在百度地图和麦当劳联合推出的活动中，打开百度地图，使用附近和搜索功能，会看到一个与活动相关的标识，这是百度地图利用数据分析和推送的结果。用户看到这个标识，就会知道周边三公里有麦当劳，正在搞促销活动，可以按照百度地图的导航去麦当劳参与活动。只要在活动规定的时间内，就可以免费领取活动福利。

这两家有影响力的企业，分别结合自己的推广优势，引发了一场活动风暴，实现了二者的共赢，这就是本地化移动营销的结果。

四、5G给移动营销注入新活力

5G高速、低延时的特性给人们提供了信息技术领域的革命。据相关数据表示，5G的下载速度为1.4GB/S，延迟为4.9毫秒。而4G为70M/S，延时为115毫秒，即5G的速度是4G的20倍，5G速度的跳跃性提升会持续推动和加速移动端营销的扩张。

五、竖版视频将成为主流

竖版视频的趋势不可抵挡，移动端营销广告主需要改变自身观念，将原有的横版PC思维升级，变为竖版移动思维，以适应竖版视频发展的营销趋势。而且，竖版视频并不只是简单地将画面变成竖版，而是最大化发挥竖版视频节奏轻松、快捷、直入主题的表达优势。

六、互动广告成亮点

移动互联网的速度越来越快，用户的耐心也在不断减少，因此移动端营销的内容也在不断精减。而在移动端推出的6秒不可跳过广告，成了一个营销的趋势。这种互动广告虽然通常有30秒，但不可跳过的6秒就是广告的精华部分，进而使用户保持最大的耐心。

七、移动端会吸引更多用户注意力

手机、平板电脑已经成为人们离不开的智能设备，人们会花更多时间去使用，这也为移动端的营销创造了可能，吸引更多用户的注意力。通过移动端营销，不仅可以建立企业的品牌营销的价值，还能带来全新的流量入口，其可信度和传播度是非常高的，为企业创造更深刻的影响。

数据背景下的手机疯狂购物

当前，支付宝已经尽人皆知。支付宝的出现，让我们的社会变成了无现金的时代。过去，不拿现金，什么也买不到，可谓寸步难行。但现如今，无论是出去吃饭还是购物，或者是旅游，只要拿着手机出现，就可以畅游世界，方便而且快捷。现在，我们除了担心手机没电，再也不怕忘记带钱包出门。

据了解，在日本国际机场，已经有超过90%的店铺都可以使用支付宝，此外还有很多的百货店、出租车、旅店等，都相继有了支付宝的影子。之所以会出现这种情况，是因为每年去日本旅游的中国游客较多。正常情况下多达到2400万人次，他们的消费能力惊人。日本正是因为看中了这一商机，为了给中国游客创造更多的便捷，迎合他们的消费习惯，所以才会争相引进支付宝这一无现金支付技术。支付宝带来的便利引起日本本地居民的羡慕。

随着计算机、互联网技术的不断发展，我国社会经济水平的不断提高，各种通信设备和移动工具的广泛普及，消费者的消费方式和习惯都发生了变化，手机购物开始飞速发展。

2020年"双十一"，三大电商平台的销售业绩如下。

淘宝天猫：突破3723亿元

天猫对外宣布，2020年11月11日0:00至0:30，天猫实时成交额突破3723亿元，一举超过上年的2684亿元人民币，再次刷新纪录。

天猫数据显示：11月11日0:26，天猫"双十一"迎来流量洪峰，订单创建峰值达58.3万笔/秒，再创新纪录，是2009年第一次"双十一"的1457倍，有342个品牌成交额突破1亿元人民币，其中，苹果、华为、美的、海尔等13个品牌成交额突破10亿元。此外，天猫还公布了一些知名品牌的销售排名情况。大家电行业排名前五：海尔、美的、西门子、格力、小米；美妆行业排名前五：雅诗兰黛、兰蔻、欧莱雅、韩国后、玉兰油；手机行业排名前五：苹果、小米、华为、荣耀、vivo；生活电器行业排名前五：美的、戴森、科沃斯、苏泊尔、九阳；数码行业排名前五：苹果、联想、华为、小米、华硕。

天猫数据又显示：2020年天猫"双十一"吸引超过8亿名消费者、25万个品牌、500万个商家共同参与，是覆盖面最广、参与度最高的一届。更长的销售周期给商家带来了更多的生意机会和更大的销售爆发，更丰富的供给也满足了数亿消费者更加多元的新消费需求。

京东：突破 2000 亿元

京东对外宣布，2020 年 11 月 11 日 0：00 至 0：09，"11·11 全球热爱季"累计下单金额突破 2000 亿元。

京东方面数据显示，在手机品类中，仅 10 分钟，华为手机成交额同比增长超 100%。其中华为 Mate40 系列 7 秒成交额便破亿。电器方面，海尔、美的、格力开场 1 分钟内成交额相继破亿。此外，京东家电平台空调 15 秒突破 1 亿元，冰箱、洗衣机 2 分钟突破 3 亿元，70 英寸大屏幕平板电视 10 秒销量突破万台，电饭煲 5 分钟销量突破 10 万台。生鲜方面，11 月 11 日开场仅 5 分钟，京东生鲜成交额同比增长 5 倍，3 分钟涌入百万用户。其中，京东生鲜平台柑橘成交额同比增长 10 倍，葡萄成交额同比增长 11 倍，蓝莓成交额同比增长 7 倍，梨成交额同比增长 9 倍。电脑数码方面，开场仅 3 分钟电脑销量就超过 10 万台；前 10 分钟，高端轻薄本电脑成交额同比增长 260%，ThinkPad、华硕等品牌销量同比增长均超 3 倍。

苏宁易购：突破 50 亿元

苏宁易购对外宣布，2020 年 11 月 11 日 0：00 至 0：19，11 日 0 点"双十一"全面开启后，仅用时 19 分钟，苏宁全场景生态渠道（包含苏宁易购、苏宁易购天猫旗舰店、苏宁易购超级买手直播间、苏宁店播）突破 50 亿元。

以上案例和数据，足以见证手机购物的疯狂。手机购物因为以下五个特点受到了消费者的喜爱。

一、方便性

传统电子商务已经给消费者带来了很多的乐趣和体验，但是因为电脑不方便携带，无法实现随时随地购物和消费。而移动电子商务则通过平板电脑和智能手机开始，非常方便携带，可以让人们每时每刻都可以进行购物和消费，不受时间和地点的限制，感受与传统购物完全不同的购物体验。

二、便捷性

手机购物非常便捷，只要有一部手机就可以进行，而且现在人们的手机流量不受限制，24小时都可以购物，随时随地，非常便捷。消费者无论是在旅行途中，还是在办公室，或者正与朋友聊天时，任何时候都可以购物。

三、规模大

相关数据显示，我国的互联网用户已经接近3亿人，其中移动电话用户已达到6.88亿人。由此可见，移动互联网用户的数量和规模已经远远超过了网络用户的数量和规模。

四、唯一的身份认证

手机用户购物，因为人手一部手机，实名制。所以，这可以作为消费者在消费时的信任证明和身份依据，有了唯一的身份认证就有了信用认证的基础，购物支付的安全性大大提高。

五、节省成本

手机购物完全颠覆了传统的购物方法，实现了数据化、自动化和信息化，在某种程度上节省了营销的成本。例如消费通过手机，就可以知道商家的活动信息，知道如何参与活动，如何获得积分等，而不必再打电话或到商家的店铺中购物，大大节约了时间和精力。

综上所述，互联网信息技术的快速发展，使用手机购物基于先进的数据挖掘技术，对消费者行为研究已经产生极大影响，对消费者个性化的需求进行满足，对于消费者的购物信息安全高标准化，也更加注重消费者的购物体验，进而达到促进消费者购物的目的，所以手机购物才会呈现疯狂的现象。

移动端数据运用让营销更精准

数据的应用在移动营销中，让营销更加精准，主要体现在以下三个方面：一是产品更加个性化。通过数据的采集与定制，经过分析建模，企业和品牌方更加了解用户的真实需求，进而进一步优化产品。二是营销精准推送。可以避免大范围推送产品营销信息影响和干扰用户，让用户产生反感，精准营销可以让用户看到自己想看和需要的广告，进而增加对产品和品牌方的好感。三是提供精准服务。对用户现有的搜索行为、浏览、购物数据进行分析，预测其下一步需求，由此提供更加走心的服务。我们可以通过以下两个案例了解一下。

一、伊利：健康检测拉环

现代人的生活和工作节奏非常快，很多人工作起来非常拼，导致对自身健康的习惯性忽视，很多人身上都出现了亚健康状态。伊利抓住这个痛点，推出全球首个公共交通健康检测系统，也就是将公交车或地铁的拉环,改装为健康检测器,消费者只要手握拉环即可计算自己身体机能的各项指标,然后还可以同步到手机移动端,每天跟踪记录,从而每月对这些健康数据进行对比,对自己的健康状态进行实时的检测。如果把自己的健康数据分享给自己的朋友,还会获得伊利相关产品的电子优惠。

这是在手机移动端进行营销的一个非常典型的案例,品牌方以都市人群的健康危机为出发点,在大家每天上下班的地铁和公交车上安装健康检测器,提醒人们要关注自己的健康,培养健康意识,从而为自己的产品树立好健康引领者的形象,让消费者容易接受和认可。最难能可贵的是,每个消费者可以将自己的测试结果传输并同步到手机上,这样品牌方就可以采集到消费者的个人基本信息。而且安装在公交车的把手上,每个人每一天都要接触,营销面非常广,与生活场景非常融合。如果一个城市里,伊利安装了6000个手扶拉环,最后35万人参与了活动,那么对健康的关注将会在一段时间内成为这个城市的关注热点,当人们讨论的时候,伊利就精准地将自己在消费者心中定位成一个倡导健康的正能量品牌,从而达到了精准营销的目的。

二、麦当劳:"全民充电饱"

如果学生们放寒暑假了,那么如何让他们还来店里消费呢?如何保持自己的销售和上座率?如何让消费者吃饱之后,再获得更多的消费体验?麦当劳与小米、一点通打通数据壁垒,策划了"全民充电饱"活动。活动规定,麦当劳门店方圆一公里内,只要是手机电量低于50%的小米手机都会收到一条来自一点资讯的提示，提示其可以到周边的麦当劳用餐充电。为此，麦当劳在全国742家门店搭建充电专区，让消费者在手机充电的时候，还可以点击一点资讯推出的海报和信息，让用餐过程更加丰富而有趣。

这个活动中，麦当劳是为人的肚子"充电"，一点资讯是为人的精神"充电"，小米为手机提供充电方式，三者在同一场景下紧密结合，无形之中就将店面、硬件、移动互联网三者用数据有机结合起来，使推广、进店、体验、分享形成一个营销的闭环。整个过程用数据做驱动，让数据锁定目标人群，然后精准推送信息，最终完成转化，推广营销效果非常好。麦当劳通过这个活动，在非销售旺季，销售额增长了15.7%，到店率增长了2.8%，比暑期还高。

数据时代微信的三大商业价值

微信自广泛应用以来，大家都感受到了它的便捷和方便，给人们的工作和生活带来了很大的改变。特别是 2012 年微信开放了 API 给第三方应用，随后又推出了"扫一扫会员卡"功能，这些都为打通商家与线上用户的联系奠定了基础。于是，越来越多的企业和品牌方加入到微信营销的阵营中来，订酒店、玩游戏、购物、找出租等，全部都可以在微信上实现。那么，微信到底有哪些商业价值呢？经过盘点和总结，其商业价值主要体现在以下三个方面。

一、微信号

每个人的身份凭证是我们在互联网时代最重要的标识，无论是购物、出行、住酒店、坐出租等都可以作为有效的身份标识。而通过这个身份标识进行的任何活动，都可以为数据提供分析的依据，让我们成为一个真正的数据人。而我们每个人的微信号，则可以让一个冷冰冰的 ID 变得丰富而生动起来，有喜好、有性格、有偏爱、有思想等，具有非常重要的商业价值，且会随着互联网技术的不断运用而越发重要，为商家建立数据库提供了可行性依据，进而让营销更加精准。

二、微信公众账号

微信公众账号的营销渠道、方式非常多元化，商家既解决了线上的数字身份问题，又解决了传播模式的问题，具有可以互动反馈、一对多沟通、多媒体融合、移动即时化等特点，帮助商家更加精准地营销，丰富、多元，吸引更多的消费者，对微信商业模式的探索也正是基于此。

在消费者的心目中，微信是一种便捷、即时的服务，而不是骚扰。传统营销模式下的广告，是明目张胆的骚扰，不考虑消费者的意愿，是不是喜欢、是不是需要，只是一味地按自己的想法给消费者强制推送广告。就好像明明消费者不喜欢吃肉，你偏偏要让他吃下去，结果自然不会好到哪儿去，只会遭到反感和厌恶。一个消费者厌恶和反感的广告，会有什么好的营销结果呢？在这一点上，微信公众账号做得比较好，它无法主动去添加消费者为自己的好友，只有通过输出好的、优质的内容来吸引消费者。那些关注某个公众账号的消费者，都是因为喜欢这个公众账号发布的内容，所以不存在反感和厌恶。而且如果这个公众账号在后期的运营和发布中，内容质量下降，让消费者感觉不好，消费者还可以取消关注。为了维护和留住自己的消费者，微信公众账号只能把自己的精力和努力都放在内容创作上，持续不断地输出好的内容才能够实现。这样的营销效果，要比强制推广好得多。

三、开放性

通过微信，可以即时与好友互动，为信息流的传播和流通提供了最大化的自由度。我们可以和好友发生现金流关系，比如红包、转账。还可以给好友发送地理位置，方便好友找到自己。而且可以与好友随时随刻进行沟通，语音、视频随心所欲。外出购物，可以用微信付款，事先绑定好自己的银行卡就可以。去商家消费，还可以扫取二维码获取商家的电子优惠券、办理会员卡等，这些微信O2O的动作，给人们带来了很大的便捷。此外还有微信社群，又给私域流量的运营提供了便利。由此可见，微信的开放性，给企业和品牌方提供了一个直接面对消费者的营销渠道。如何与消费者互动，是这几年来企业和品牌方一直在探索的事情，而微信则很好地解决了这个需求。比如企业如何用最快的速度，把线下的代理商组织起来开会？如何一一对自己的消费者听取反馈，做市场调查？传统的组织形式中，效率非常低下。但有了微信，则在十几分钟内就可以搞定。由此可见，微信的开放性，为企业和品牌方的O2O带来了无限发挥的空间，具有非常广阔的商业前景。

网易云年度歌单刷屏

网易云年度听歌报告单一度在各大社交媒体刷屏，这是网易云音乐的核心功能，基于用户历史口味和实时偏好，为每位用户每天生成一份完全个性化的歌单。目前歌单总数已超 21 亿份。这份歌单的数量是多么庞大呢？如果你对 21 亿这个数字没有概念，那么就可以理解为，如果你每天听 10 份歌单，那么可以从侏罗纪时代听到现在。网易云年度歌单是用户一些生活点滴和个人情绪的观察窗，通过这些歌单的数据，可以洞察用户的生活现状和情感动态。因为，据对这 21 亿份年度歌单进行的分析显示，有 75% 的人听治愈性歌曲较多，90% 的人都听过有助于睡眠的歌曲，且这一数据在不断增长。

而这一切的实现，歌单能够在数量和形式上不断突破，主要依托网易云音乐独特的数据处理优势，并以此建立了自己的网易云数据生态，生成的歌单主要有以下三个特点。

一、精准推荐，合你口味

通过先进的数据分析技术，打开网易云首页的私人 FM、歌单推荐、每日歌曲推荐等个性化功能，在这里你听到的每一首歌，都是网易云数据精选出来的，基于用户历史听歌记录，数据会向用户推荐用户可能喜欢的歌曲，这种精准推荐，迅速拉近了网易云与用户的距离。

二、用户评论，非常治愈

网易云对于用户来说，还有一个非常具有吸引力的功能，那就是听歌的时候，可以写下自己的评论。这些评论都是用户在听歌的过程中有感而发，大多都是用户当时的心情、感受和回忆，非常容易引起一些志同道合、品位相似的陌生人的情感共鸣，令人触动。所以，网易云的歌单评论也非常具有吸引力。

三、产品矩阵，持续引流

网易云音乐通过数据分析，不断形成和优化自己的产品矩阵，在线直播、在线 K 歌、建立音乐社区等，不断形成产品间的互补，在内容上做拓展与扩充，形成自己的生态。例如"Look 直播""声波""播客""云村"等。

以上三个特点，都是网易云运用数据的成果，使其年度歌单成为社交平台和朋友圈中讨论热度最高的话题之一。每年网易云会推出听歌报告，进而统计这一年里用户最喜欢的歌曲前 10 名。用户也非常喜欢这个歌单，纷纷转发分享，安利给自己的好友圈，无形中扩大了网易云的知名度。

事实上，网易云年度歌单之所以成功，是因为他们通过数据找到了代表用户情绪的关键词，进而通过同一主题将不同的歌聚合到一起。这个主题各式各样，比如可以是当下的情绪、感受和自己的场景，也可以是用户偏爱的可见风格，非常灵活多变。所以，网易云歌单在某种程度上扮演了记录用户生活的角色。这也是网易云用户喜欢这份年度歌单的原因所在，他们觉得网易云懂自己。事实上，这是网易云数据懂他们。通过年度歌单分析，网易云发现，歌单的第一个高频词是"治愈"，超过80%的用户听过"治愈"相关的歌单。比如在一个叫"治愈系"的歌单中，大多都是可以抚慰情绪的歌曲，而这些歌曲的单曲播放量达到了2669万次。第二个高频关键词是"思念"。因为每个人都有自己不同的情感经历，而对于大多数的情感来说，"思念"则是贯穿始终的主线。也就是说，每个人都有过思念，每个人都懂思念。第三个高频词是"睡眠"。现代生活的压力徒增，生活节奏快，很多人都处于亚健康状态，失眠睡不着觉是很常见的事情。此外的高频词还有蹦迪、健身、瑜伽等。每个人都有自己的生活，自己的情绪，大家都在尝试放下和放松，这些高频词就是一个佐证。

此外，网易云年度歌单的数据分析还发现一个有趣的现象，那就是每个地区都有自己不同的听歌偏好。比如学霸多的郑州爱听励志方面的歌单，夜生活丰富的成都人偏爱Hip-Pop，杭州伤感歌曲听得多，长春人爱轻音乐，北京人爱听经典曲目，上海人爱蹦迪等。由此可见，面对这样一份如此懂自己的年度歌单，有几个用户不会为其所动呢？

第十章
量化营销：用数据衡量营销效果

　　对数据的掌控，就是对市场的掌控，同时也意味着丰厚的利润回报。对于营销数据进行多维度的分析和研究，可以将营销效果精准量化，能更好地抓住商机并获得成功。

营销数据分类、获取和分析

有资料表明，谷歌每天要处理大约24PB的数据，Facebook每天要处理23TB的数据，Twitter每天处理7TB的数据，百度每天大概新增10TB的数据。腾讯每日新增加200~300TB的数据，淘宝曾经每日订单量超过1000万，阿里巴巴已经积累的数据量超过100PB。考虑一下，为什么越是行业垄断巨头就越拥有海量数据呢？对任何拥有特有数据的公司，都应该考虑怎么让数据盈利。

由案例可见，每天都有海量数据产生，那么这些繁杂的数据，如何为它们分类，如何有针对性地获取和分析，下面我们做进一步的诠释。

一、营销数据分类

营销数据有很多类型，并不是只有一种，只有搞清楚这些数据的分类，才能对这些营销数据进行有效的应用和分析。

1. 试验数据

试验数据已经经过了筛选，经过精心的设计和控制所得，比较可靠和真实，也很专业，可以用作决策和分析的依据。

2. 调查数据

调查数据通常由经验丰富的第三方专业人士经过科学设计所得，往往非常精准和规范。

3. 模型数据

模型数据，可以让企业和品牌方更好地优化和推动他们的营销业务，方便企业去安排媒体广告、策划销售方案、做定价差异等。但这个数据要经过长时间的沉淀和积累，才能发挥出作用。

4. 销售数据

销售数据变量最大，因为它受很多方面的影响，比如广告效果、成本制作、产品质量、服务效率、推广活动等。

5. 追踪数据

追踪数据来自一个项目、网站或广告成功引起用户注意的消息、活动、信息或图像，主要取决于信息的获取、建模和模拟。

6. 识别数据

皮肤电反应、眼睛的瞳孔扩张、心率、脑电图（脑电波）测量、面部情绪识别等都代表着人类内心丰富的世界，值得关注和记录。识别数据就源于此。

7. 咨询数据

许多企业都有经常与目标客户进行调研和沟通的系统，方便采集数据资料，这类数据成本较低，可以随机选择，覆盖面比较广泛。

8. 媒体数据

媒体数据每天每时都会产生和更新，一般都是通过网页的抓取和识别进行收集，对数据来源、背景、动机等都不好把握，数量非常庞大。

二、营销数据获取和分析

法国有一家航空公司，他们研发了一个App，可以方便坐飞机的旅客查询和跟踪自己的行李动态。但是在随后的追踪中发现，有一些客户因为在一个地方只是短暂的停留，行李带在身边很麻烦。于是，他们在App上推出了专门派人看行李的增强服务，这些服务给他们带来了大概100万美元的收益，效果惊人。

由案例可知，营销数据获取有很多方法，关键就是能发现。只有有了发现，才会有后边的分析和洞察。所以，对于数据的掌控，就是对市场的掌控，同时也意味着丰厚的投资回报。对获取到的数据进行分析，通常有对比、维度、使用场景等方法，这样有利于营销数据结果的精准利用。

第十章　量化营销：用数据衡量营销效果

判断营销数据质量的九个标准

在营销界，喜茶与百雀羚的联合跨界营销是一个非常经典的案例。二者之间存在着很大的身份悬殊，一个是茶饮品牌新兴的"网红"，消费者都是年青一代。而另一个是国货美妆行业的"老品牌"，客户都是有情怀的消费者。在这个联合营销中，潮流与传统的碰撞却意外产生了耀眼的火花。他们推出了很多联名款产品，比如喜雀礼盒、喜雀会员卡。为了配合活动，在产品的外包装上也做了一些改变。

在这个案例中，百雀羚的做法总是为人所津津乐道。这个品牌虽然是个传统的"老字号"，但却紧跟潮流，一点儿也不落后，理念非常先进。他们不仅与"网红"喜茶联名，还与故宫合作推出彩妆，此外还在母亲节推出过长屏广告"一镜到底"等，都取得了轰动性的传播效果，打破了人们对中国古典美韵味的认知和对国货传统的印象。说到成功的秘籍，百雀羚自然离不开数据的助力。正是一次次对营销数据的分析、优化与关注，才会不断推出有社会效应的营销活动，取得了令人惊艳的成绩。

由此可见，在营销活动中抓住数据，就是抓住了商机和成功。有效营销活动的基础是高质量的数据，但这个营销数据质量又该如何衡量？因为，不是所有的数据都是优质的，基于低效数据做出的业务决策很可能会浪费营销预算和成本，损害品牌的声誉和形象，反而起到适得其反的效果。不妨围绕以下九点衡量营销数据的质量。

一、全面性

营销数据要注重全面性，让客户在每一个触点上都可以与品牌进行互动和了解，从而只需要一个触点就完成对品牌的认知。也就是说，要让数据可以在营销的各个环节流通起来，而不是产生隔阂。所以，高质量的营销数据应具有全面性，能够更好地满足用户的需求。

二、准确性

品牌可以通过相关的数据分析软件对采集到的数据进行分析，所以必须保证数据的准确性，这样才能保证营销活动能够达到预期。也就是说，数据有准确性，可以保证营销推广能够在准确的时间，通过有效的渠道，向合适的受众推送有价值的内容。无论是历史数据，还是推断数据的前提，都是数据的准确性，否则营销推广就失去了推广的意义。

三、完整性

数据要覆盖营销活动的始终，保证完整性，也代表着数据收集工作的覆盖率，以及每条记录信息的详尽程度。所以，在营销活动中，对于数据分析还要注意数据的完整性，这样的营销推广才会具有实际价值。

四、颗粒度

所谓数据的颗粒度，则代表了数据的细分程度和清晰程度。如果颗粒程度高，那么就代表数据细节很详尽，能够帮助运营人员更好地了解营销推广中的所有细节和全貌。这样，品牌可以灵活地组合调用不同的数据元素段，以满足不同情境下的业务需求。

五、时效性

时效性是数据要与营销活动的时效相关联，没有时间差。在大多数情况下，数据越新鲜越好，所以数据的采集和分析频率很重要，运营者可以通过对营销活动进行定义，从而保证数据的时效性。

六、连续性

数据还要求有一点的关联性，也就是连续性，这样才能保证数据信息可以在每次调用或观察时持续存在，以供运营人员分析，实时跟踪营销的进度和动态。

七、隐私性

营销活动是为了让企业和品牌主与消费者之间产生良好的双向沟通。但是如果在此过程中，企业和品牌方不能顾及消费者的隐私，一味地追求商业效果，这种没有可行度的营销活动，自然不会达到好的营销效果。所以，对于营销活动中的相关数据，要注重为消费者保密，充分尊重他们的隐私。

八、预测能力

脱离实际的策划、运营都没有什么意义，只有依据数据才会更加精准，才会产生营销的价值，否则任何营销都有一定的盲目性。所以，对数据进行分析之后，要通过数据洞察与预测的作用，能够为下一步的营销提供方向和依据，让品牌活动的效果发挥到极致。

九、实用性

数据要有实用性，这样才能通过营销数据分析，助力实现企业和品牌方的业务目标，或是提供有价值的营销方案。衡量数据实用性的方法很简单，直接根据分析数据信息，进行测试并记录反馈即可。

衡量营销效果的常用方法

营销效果的影响力和有效性的衡量，是很多企业和品牌方所关注的，总结很多营销专家和业界人士的共识，得出以下四种常用方法。

一、调查问卷法

通过调查问卷法，可以有效感知品牌知名度是否在营销中得到提升，有没有让消费者对品牌产生认知。比如问题可以按照如下模板进行设计：一是对于某个产品或服务，你第一个想到的公司或产品品牌名是什么；二是对于某个产品或服务，你第一个想到的其他公司或其他产品品牌名是什么。这种调查问卷法可以为衡量营销活动前后的效果提供有分量的参考。

二、公式法

公式法，可以对营销价值进行评估。某国外知名市场营销教授曾提出了一种方法，可以通过相关的公式，对于营销的价值做出推算和判断。他提议使用如下公式：

营销价值 = 营销预算 − 营销成本

三、晴雨表法

随着企业提高生产力和整体运营效率的压力越来越大,营销人员的压力也越来越大,而营销的响应率是最为重要的衡量指标。也就是说,响应率的高低决定着企业和品牌方长期的知名度,是一个晴雨表。所以通过响应率分析,就可以知道营销有没有提升品牌的知名度。例如,一次营销活动可能会发送给1000个潜在消费者,如果有30个人回复,则响应率为3%。虽然响应率并不代表购买率,但是却能精准反映出营销活动的"号召力",显示了消费者的感兴趣程度和欢迎程度。

四、指标法

指标法就是把营销的转化率当作衡量潜在消费者转化为产生购买行为的消费者的重要依据,因为响应之后,马上就要看转化率如何,也决定着营销的成败。把转化率作为一种衡量指标,可以有效衡量营销的影响力。

第十一章
量化营销：未来营销发展的新趋势

数据的获取和应用经过野蛮生长，成为时代发展一个必然的产物。虽然谁也无法准确预知数据的未来发展趋势，但不容置疑的是，通过数据的不断挖掘、分析和应用，以多种技术为依托且相互结合，势必从方方面面来影响和改变我们的生活，不只是便利，而且还可以获得更多的幸福感。

数据技术会为营销带来更多价值

最早发现和应用数据营销价值的国家是美国，当时的奥巴马政府投资2亿美元拉动了数据相关产业发展，将"数据战略"正式上升为国家战略，奥巴马政府将数据贴切地定义为"未来的新石油"。据了解，国家统计局曾与11家知名国内企业签署战略合作协议，内容涉及数据应用的统计标准，以及企业数据补充政府统计数据等领域。这一举动的背后，意味着数据已经上升到国家战略层次，提高我国从大型复杂的数据集中提取知识和管理的能力，增强整个国家的竞争力，国家统计局的介入会为数据的应用广泛落地奠定基础。

在这样的时代背景下，数据技术的广泛普及和运用，也让越来越多的企业和品牌方开始关注数据挖掘背后其强大的商业价值。诸如提供企业和品牌方在营销方面的整体分析研究能力、运营决策能力、市场反应能力，进而提高企业和品牌方的核心竞争力。数据的关键在于"大"，它不是象腿、象鼻子，而是大象本身。也就是说，它不是样本，而是全面。数据越多、越细化和精准,越能大大提高营销的效率和效果。

阿里巴巴等公司作为中国的电子商务公司早已开始通过数据技术,为消费者和商户提供非常具体而精准的服务。比如阿里的信用贷款,通过数据掌握企业运营和交易的数据,自动对企业的实际运营状况进行分析,然后做出判断和评估,给银行提出关键性的建议,是否应该给企业拨付贷款,全程没有人工的参与。据了解,阿里巴巴信用贷款的坏账率相比于商业银行来说,坏账率是比较低的。而这一切都归功于淘宝数据魔方,这是淘宝平台上的数据应用方案,通过这个魔方,入驻的商家可以了解一些与自己相关的数据,比如整个行业的趋势和动态、自己产品和品牌的市场反馈、消费者的行为习惯等,并以此为依据做出相应的营销方案和决策。

这就是数据在商业领域的应用,随着技术不断成熟和完善,数据在营销方面还会带来更为巨大的商业价值。究竟能往哪些方面挖掘出巨大的商业价值?根据 IDC 和麦肯锡的数据研究结果表示,数据在营销方面的价值,主要体现在以下四个方面。

一是对客户进一步进行标签细分,然后针对每个标签客户进行定制化的产品、营销和服务。

二是运用数据的技术,进行现实模拟,进而深入了解市场需求,为投资提供更高、更持续的收益回报。

三是提高数据在各行各业的渗透深度和广度,企业和品牌方的产业链条和管理链条进一步提升。

四是进行商业模式、产品和服务的创新。

传统商业模式就是坐在自己的汽车里,通过后视镜观察周边会发生什么事情。而数据分析则是站在天台上,用望远镜可以观看到任何自己想看的事情,也就是实现眼观六路。所以,未来数据在以上四个方面的商业价值会发挥出越来越重要的作用,企业和品牌方在大踏步迈向数据时代的时候,必须注重体现出数据这四个方面的价值。

传统数据的边界在数据技术面前不攻自破,企业和品牌方的营销不再只是参照和依靠企业内部自己收集的数据,不再有局限性,商业价值不可估量。某知名数据分析企业在其数据相关的报告中这样阐述数据的商业价值:在行业中处于领军地位的企业与普通的企业有着本质的区别,那就是这些行业领军企业会把数据分析加入到企业的运营中来,为企业的运营决策提供准确判断的依据。而那些没有进行数据分析、数据分类的企业,在未来不可能在市场竞争中站稳脚跟,自然也不会成为行业的领导者。而这段话在本质上,是要求企业改变自己的运营观点,能够有数据思维,让数据成为未来企业中不可缺少的一个角色,在企业运营决策方面扮演更为重要的角色。未来,数据可能会成为一种商品,可以进行交易,而且交易量将非常惊人。这些数据量大、种类繁多,且蕴含着不可估量的商业价值。因此,数据在未来会成为一种产业,有提供方、监管者、需求者、管理者等,人们会从中获得最大的收益。

数据将成为企业的核心资产

企业掌握的大量数据，通常是一座蕴含巨量财富的宝藏，一旦得以开发，随着数据的多领域应用，也必然能够带来客观的经济效应。在此，我们要考量的是，在企业众多的数据中，究竟哪些数据可以作为企业的资产？或者是所有数据都是企业的资产吗？或者是什么样的数据能够成为资产，有资格成为资产？对此，我们不妨对资产的概念进行分析。从资产的定义来看："资产可认为是企业拥有和控制的，能够用货币衡量，并能够给企业带来经济利益的资源。"我们从中归纳出三方面，即企业可以拥有和控制，能够用货币来衡量，能为企业带来经济利益。

一、企业可以拥有和控制

数据按照提供方进行分类，可以分为第一方数据、第二方数据和第三方数据。第一方数据就是企业本身，主要来源于企业的内部。比如像百度、京东、苏宁等这些公司，在为自己的客户提供服务的过程中，会产生、积累和沉淀很多数据，这些数据包含着客户的个人消费习惯、消费行为、喜好偏爱等信息。同时，通过后期配送服务，还可以收集到用户的一些个人基本信息，比如真实的姓名、联系方式、家庭地址、工作单位等，非常详细。对这些数据他们还会进行分析、研究和挖掘，让其为企业带来更多经济利益。比如某宝可以为银行等第三方公司机构提供客户的购物、消费数据，作为发放贷款的依据，而某宝可以从中获得相关的收益等。第二方数据来自一些非常专业的网络营销公司，他们可以为电商平台提供一些入口处的服务，从而间接地获取一些用户的数据，包括用户行为、广告投入、订单数据等，是一个间接获取数据的方式。而第三方数据主要通过从第一方、第三方公司流出的内部数据，放在网上供人付费下载的方式获得，容易造成侵权。只有建立相关的监管和规范之后，才可能使用。所以，数据的来源，以第一方和第二方数据为主。

二、能够用货币进行衡量

数据可以用货币来衡量，因为企业对这些数据是拥有控制的权利的，因为这是它们生产和发掘出来的。可以进行交易，所以可以用货币进行衡量，企业只需要参照无形资产管理就可以进行有效的价值评估。

三、能为企业带来经济利益

数据可以创造出经济利益，这是数据价值的一个体现。当前，能够为企业带来经济收益的方法主要依靠数据使用、信息和数据租售等模式。其中，数据租售，就是对企业产生的数据进行采集、整理、过滤、校对、打包、发布等一系列整理流程之后，把数据的价值挖掘出来，为企业创造更多效益。而信息租售，则是通过庞大的数据中心与数据终端，形成了一个数据采集、筛选和传递的闭环，从而实现数据的价值。数据租售就是在对数据进行分析和挖掘之后，能够为公司盈利开创新的增长点，深度挖掘数据的价值。

据相关数据显示，目前全球已有超过四分之三的企业开始利用数据技术，指导企业内部的各样工作开展，进而促进公司又好又快地发展。同时，对于数据具有不可估量的商业价值的观点，也开始得到社会各界广泛的认可和肯定。比如美国著名杂志《福布斯》就认为："任何企业都不能忽视数据所能带来的巨大作用。对于企业来说，只有积极拥抱数据，用数据支撑企业在各个环节的发展，才能确保企业持续爆发出应有的创新能力，为企业带来巨大的利润和市场。"

综上所述，由于数据分析的基础是全体数据，而非过去只是分析样本数据，所以，企业中产生的每一个数据，都是数据的一个组成部分，具有不可忽视的商业价值。与此同时，随着数据时代的到来，如何利用数据指导企业的顺利动作，最终在市场竞争中脱颖而出，是未来企业需要潜心研究的一个重要课题。也就是说，企业如果想适应市场环境的变化，就应从数据中获得更多对企业有用的信息，这将成为企业应付未来市场竞争，并获得生存与发展的重要因素。

客户需求仍是导向

很多消费者发现，在某电商平台上搜索了某件商品之后，无论是刷微博，还是上百度，关于这件商品的购物信息都会自动弹出来。你会感觉自己只要上网，就会被这件商品的信息包围起来，直到你消费了之后，这些广告信息才会自动消失。这个现象虽然看起来很普通，其实背后却大有乾坤，事实上，这正是数据被广泛运用的一个表现。此外，还因为百度有中国最大的消费者行为数据库，可以帮助很多企业做消费者兴趣、行为、关注和喜好等方面的分析。

由此可见，在未来，数据生发的各种改变将会向社会治理、企业营销和个人生活领域全方位拓展，涉及人们工作和生活的方方面面，推动整个社会进入一个全新的文明状态，进而给人们带来更多的便利与方便。

全球规模最大的食品公司卡夫，打造了很多众所周知的产品，比如太平苏打、趣多多饼干等，受到了全球广大消费者的喜爱。为了进一步拓展市场份额，开展新业务，占领孕妇的消费市场，卡夫公司对市场进行了数据分析，对网上与孕妇有关的社交网站的帖子、评论、留言全部进行采集，通过对10多亿条数据的筛选，最终找到了孕妇们非常关注的几个关键词，分别是健康、安全和叶酸含量。基于这个分析结果，卡夫公司优化和调整了自己产品的开发、生产、销售、营销等一系列的流程，最终因为精准地送上了孕妇们满意的产品而成功打开这个群体的零售市场，一次次创下业绩新高。

让很多人痴迷的电视剧《纸牌屋》，一直都非常火爆。但对于火爆的原因，《纸牌屋》的制片公司表示，正是得力于数据的分析。在开始拍《纸牌屋》之前，制片公司会先用数据收集用户搜索的反馈、关键词、关注点等，然后再去选定角色、创作剧情，一切都以数据分析的结果为指引，这样拍出的电视剧，观众都喜欢看，也为收视率的节节攀升奠定了基础。

从案例可知，在互联网信息时代，无论数据技术如何厉害，在商界屡建奇功，但是永远都不能忽略一个关键点，那就是客户需求至上。客户能够接受的是一切能够给自己提供更大便捷、更高收益的消费方式，只有这样才更容易被客户认可，并愿意为之买单，这是所有企业和品牌方必须要清楚的一个核心因素。很多企业虽然都以客户为中心，但要想在激烈的行业竞争中抢占市场，还需要更多技术上的帮助，那就是数据，数据技术的运用，也是为了更加精准地探寻客户的真实需求。

明确这一点，才能在自己的企业和运营中，更好地运用数据技术。所以，企业和品牌方要把更多的精力和关注放在挖掘客户需求上，把其作为企业发展的核心和依据并围绕这个核心开展市场营销，在数据的帮助下，会发现更多、更好的市场机会。那些数据技术运用得好的企业，如果在挖掘用户需求方面的认知跟不上，企业就首先在市场竞争方面输在起跑线上了。